Das ultimative Gasgrill Kochbuch

101 schmackhafte und abwechslungsreiche Rezepte für dein Grillerlebnis

Carsten Reil

Alle Ratschläge in diesem Buch wurden vom Autor und vom Verlag sorgfältig erwogen und geprüft. Eine Garantie kann dennoch nicht übernommen werden. Eine Haftung des Autors beziehungsweise des Verlags für jegliche Personen-, Sach- und Vermögensschäden ist daher ausgeschlossen.

Für Fragen und Anregungen: info@ertl-michael.de

Auflage 2020

Warum Gas statt Kohle?

Der Gasgrill bieten Ihnen viele Vorteile, auch gegenüber dem Holzkohlegrill. Kaum ist der Holzkohlegrill im Gange, qualmt und stinkt er vor sich hin. Das ist nicht nur für Sie selbst unangenehm, sondern führt oftmals zu Ärger mit den Nachbarn. Ein Gasgrill hingegen verschont Sie vor unangenehmen Gerüchen und Streitigkeiten in der Nachbarschaft. Sie schützen sich damit ebenfalls vor schädlichen Dämpfen, die bei einem Holzkohlegrill entstehen können. Sogar auf dem Balkon wird mit Gas herrlich gegrillt! Selbst für den kleinsten Balkon gibt es den richtigen Gasgrill. Schauen Sie einfach im Mietvertrag oder – bei einer Eigentumswohnung – in der Hausordnung nach, ob es erlaubt ist.

Die laufenden Kosten für einen Gasgrill sind günstiger, da Gas preiswerter ist als gute Holzkohle. Nach einem schönen Grillabend geht es dann an die Reinigung. Diese gelingt bei einem Gasgrill sehr leicht und einige Einzelteile sind sogar spülmaschinengeeignet. Die Entsorgung der Asche erübrigt sich natürlich auch.

Ein weiterer klarer Vorteil für den Gasgrill ist die Zeitersparnis. Die ideale Grilltemperatur wird schneller erreicht und hält sich, so lange Sie wollen – vorausgesetzt natürlich, es ist genügend Gas vorhanden. Dafür halten Sie sich einfach eine Ersatz-Gasflasche parat. Die Temperatur des Gasgrills lässt sich zudem genau so regulieren, wie Sie das gerade brauchen. Sobald Sie mit dem Grillen fertig sind, schalten

Sie den Grill einfach per Knopfdruck aus. Das lästige Warten auf das Ausglühen der Kohle hat ein Ende!

Doch jetzt zum stärksten Argument von eingefleischten Holzkohle-Fans: das einzigartige, rauchige Aroma. Das kann nun wirklich nur ein Holzkohlegrill bieten! Aber stimmt das wirklich? Inzwischen muss sich auch hier dieser Grill geschlagen geben. Für das rauchige Geschmackserlebnis werden in den Gasgrill einfach Holzchips in sogenannte Smoker-Boxen eingelegt.

Profitieren Sie also von den vielen Vorteilen, die Ihnen ein Gasgrill zu bieten hat!

So funktioniert der Gasgrill

Ihren Gasgrill betreiben Sie entweder mit Propangas oder mit Butangas. Dafür werden Gasflasche und Grill mit einem Gasschlauch verbunden. Je nach Modell des Grills gibt es dann verschiedene Zündungen, unter anderem Piezo-Zünder und Elektrozünder. Bei einem Piezo-Zünder wird beispielsweise ein Drehknopf erst eingedrückt und dann gedreht, das ausströmende Gas ist zu hören. Es wird weitergedreht, bis es "Klick" macht, nun entzündet sich das Gas. Hin und wieder klappt das erst beim zweiten Versuch: Achten Sie einfach darauf, dass genug Gas ausströmt. Beim Anzünden des Gasgrills unbedingt den Deckel öffnen! Damit werden Unfälle durch ausströmendes Gas vermieden.

Nun ist der Grill also an. Nach ca. 10 Minuten bis maximal 20 Minuten Vorheizen geht es mit dem Grillspaß los! Aber wie funktioniert das jetzt genau? Im Grunde wird die Grillfläche einfach mit einer darunterliegenden Gasflamme erhitzt. Dabei wird die Hitze unter dem Rost und im Grillraum auf unterschiedliche Art und Weise verteilt. Bei einigen Modellen verläuft unter dem Grillrost eine Art Rohrsystem. Dieses erzeugt viele kleine Flammen und erhitzt so die Grillfläche. Weiter gibt es auch Modelle mit Lavastein-Füllung. Die Steine nehmen die Wärme auf und geben sie selbst nach dem Abschalten des Gases weiter ab.

Die im Grill entstehende Hitze wird durch Brenner erzeugt. Die unterschiedlichen Gasgrill-Modelle besitzen davon meist ein bis sechs Stück. Mehrere Brenner erreichen eine gleichmäßigere Temperatur. Dies hängt jedoch auch mit der Größe des Grills zusammen. Wenn es ein kleiner Grill ist, sorgt bereits ein einziger Brenner für eine gleichmäßige Temperatur. Bei größeren Modellen eignen sich jedoch am besten mindestens drei Brenner. Je nach Gasgrill befinden sich diese nicht nur in der Mitte des Grills, sondern auch an der Seite. Diese Seitenbrenner sind Seitenkochplatten. Sie sind ideal für die Zubereitung von Beilagen!

Je nach Ausführung gibt es also Unterschiede bezüglich der Anzahl der Brenner und der Nutzung der Grillfläche. Bei einigen Modellen werden die einzelnen Brenner mit einem Drehknopf separat eingestellt. Das erzeugt verschiedene Temperatur- bzw. Heizzonen im Grill. Somit haben Sie für alles, was Sie grillen möchten, die perfekte Hitze: Die gleichzeitige Zubereitung eines saftigen Steaks und Grillgemüse funktioniert einwandfrei! Ähnlich wie bei einem Heißluft- bzw. Umluftherd kann das Grillgut dabei schonend zubereitet werden.

Bei einem Gasgrill wird oft von „direktem" und „indirektem" Grillen gesprochen. Was bedeutet das? Was ist der Unterschied? Direktes Grillen bedeutet, dass die Hitze direkt von unten auf das Grillgut trifft. Dies sorgt für hohe Temperaturen und kurze Garzeiten. Eine Temperatur von 220 °C bis 300 °C ist hier optimal. Der Deckel kann offen gelassen werden. Mit dieser Methode bereiten Sie sich ein köstliches Steak! Durch die große, direkte Hitze werden die Fleischporen schnell geschlossen. Damit wird Ihr Steak innen saftig und außen knusprig. Indirektes Grillen bedeutet, dass das Grillgut nicht direkt auf der Hitzequelle liegt. Es steht für eine sehr schonende Zubereitung und eignet sich somit besonders für Grillgut, das eine

Vorwort

Mit diesem Buch haben Sie die richtige Wahl getroffen. Sie werden eingeführt in die Welt des Gasgrills und bekommen die wichtigsten Informationen. Diese sind auch nützlich, wenn Sie schon einen Gasgrill besitzen. Somit sind Sie gerüstet für die neue Grill-Saison!

Die vielen verschiedenen Rezepte lassen keinen Wunsch offen. Probieren Sie ruhig etwas Neues aus und lassen Sie sich von dem Ergebnis überzeugen! Ein veganer Burger hat schon so manchen Steak-Liebhaber überrascht. Alle Rezepte sind sorgsam ausgewählt. Lassen Sie sich jedoch nicht davon abhalten, Ihrer Kreativität freien Lauf zu lassen und die Rezepte zu variieren!

Guten Appetit!

INHALT

Grillen ist ein Erlebnis

Langsam wird es draußen wieder wärmer. Sie bekommen Lust darauf, mehr Zeit im Freien zu verbringen. Die einen wollen mit Freunden und Familie feiern, die anderen traute Zweisamkeit oder völlig allein Ruhe genießen. Egal, wie Sie Ihre Zeit lieber verbringen: Erschaffen Sie ganz besondere Erlebnisse. Zaubern Sie sich und Ihren Liebsten leckerste Spezialitäten von Ihrem Grill! Überzeugen Sie sich selbst und andere mit guten, einfachen wie raffinierten Speisen. Dabei gilt es jedoch zunächst, zu klären, welcher Grill der richtige ist. Dabei liegt erst einmal die grundsätzliche Entscheidung an: Holzkohle oder Gas? Ist ein Gasgrill wirklich ein Ersatz für einen guten Holzkohlegrill?

Mit seinen vielen Vorteilen und unterschiedlichsten Einsatzmöglichkeiten überzeugt der Gasgrill aber schnell jeden Grill-Fan. Sie wollen ein Festtags-Menü für die Großfamilie zubereiten? Oder einfach schnell ein leckeres Steak im Camping-Urlaub genießen? Durch die vielen verschiedenen Modelle, die am Markt angeboten werden, ist für jeden das Richtige dabei.

Ob knuspriges Hähnchen, saftiger Fisch oder leckerste Gemüsespieße: Mit Gas bekommen Sie ein wunderbares Grillgut. Sie bereiten sich und Ihren Gästen die köstlichsten Steaks, Burger und

Beilagen zu. Sogar eine Pizza wird Ihnen damit gut gelingen! Wenn es draußen kalt wird, lässt Sie Ihr Gasgrill ebenfalls nicht im Stich.

längere Garzeit benötigt. Hierbei erreicht die Temperatur nicht mehr als 200 °C. Bei dieser Methode wird der Deckel geschlossen gehalten, das erzeugt den sogenannten Backofen-Effekt. Mit dieser Art bereiten Sie dicke Fleischstücke oder sogar einen Braten zu. Direktes und indirektes Grillen wird von Profis gerne kombiniert. Damit bereiten Sie sich den saftigen Braten sogar mit einer knusprigen Kruste zu! Egal, ob Sie direkt oder indirekt grillen: Wenn Grillgut direkt auf dem Grillrost liegt, diesen immer vorher einfetten. Somit klebt das Grillgut nicht am Rost fest.

Wenn die Grillspezialitäten fertig sind, einfach Brenner und Gasflasche zudrehen. Jetzt können Sie sich die Köstlichkeiten schmecken lassen!

Die richtige Wahl des Gasgrills

Um den richtigen Gasgrill für Sie persönlich zu finden, gilt es, ein paar Dinge zu beachten. Es werden Ihnen viele verschiedene Varianten angeboten. Dabei ist sicherlich das richtige Modell für Sie dabei. Überlegen Sie sich einfach in Ruhe, für was genau Sie Ihren Grill nutzen möchten. Alle nötigen Informationen für Ihre Entscheidung finden Sie hier:

GRÖSSE

Bei der richtigen Größe kommt es vor allem auf den Zweck des Grills an. Hierbei gibt es viele Möglichkeiten. Die einen grillen nur ab und zu allein ein Stück Fleisch, die anderen organisieren große Grill-Partys mit ganzen Grill-Menüs. Einen Unterschied macht es auch, ob der Gasgrill zum Camping mitgenommen wird oder einen festen Standort besitzt.

Kleine Grills haben eine geringe Grillfläche von ca. 1000 cm^2 bis 2000 cm^2. Sie sind am besten für ein bis zwei Personen geeignet. Ein einfaches Grillen von leckerem Fleisch, ein paar Bratwürsten, Fisch oder feinem Gemüse funktioniert einwandfrei durch punktgenaue Zubereitung. Dank der geringen Fläche wird zudem nur wenig Gas verbraucht. Ein kleiner Gasgrill ist ideal zum Campen oder für einen kleinen Balkon.

Ein mittelgroßer Gasgrill ist ideal für bis zu vier Personen. Er hat eine Grillfläche von ca. 2000 cm^2 bis 3500 cm^2. Diese Modelle sind oftmals zweigeteilt, das heißt, neben einem Rost kann auch eine Platte aufgelegt werden. Somit werden hier gleichzeitig zu einem Stück Fleisch optimal Beilagen zubereitet.

Von großen Grills ist ab einer Grillfläche von ca. 3000 cm^2 die Rede. Das ist perfekt für vier und mehr Personen. Super geeignet also für die Großfamilie oder eine Grillparty! Durch die Größe bieten diese Modelle auch die ideale Fläche für unterschiedliche Heizzonen. Hierbei wird für verschiedene Grillbereiche die Temperatur einzeln geregelt.

LEISTUNG

Die Leistung eines Gasgrills hängt von seinen Brennern ab. Sie wird für einen Gasbrenner in Kilowatt (kW) angegeben. Ein guter Brenner wandelt das Gas optimal in Hitze um. Das gelingt vor allem durch die richtigen Düsen: Sie dürfen weder zu klein noch zu groß sein. Damit wird auch verhindert, dass das Gas unnötig verschwendet wird.

Ein Modell mit bis zu drei Brennern hat dabei eine Leistung von ca. 3 kW bis 6 kW. Größere Gasgrills mit vier Brennern und mehr sollten mindestens eine Leistung von 10 kW, besser 15 kW bis 24 kW aufbringen. Je mehr Grillfläche vorhanden ist, desto höher muss die Leistung sein!

Verwechseln Sie die Leistung kW nicht mit der Einheit kWh, diese wird oft mit angegeben. Sie dient jedoch der Angabe der Energie, welche der Gasgrill in einer Stunde zur Umwandlung in Wärme verbraucht. Hier ist es umso besser, je kleiner die Zahl ist, das heißt, je weniger Energie der Gasgrill benötigt.

Damit die Leistungsfähigkeit Ihres Gasgrills optimal genutzt wird, ist eine gleichmäßige Hitze der Grillfläche wichtig. Ansonsten ist es auch nicht gut für Ihre Speisen, da diese nicht gleichmäßig gegart werden. Es führt weiter zu höherem Gasverbrauch und somit zu erhöhten Kosten! Für die optimale Nutzung der Hitze eignet sich ein stabiler Rost, besonders aus Edelstahl oder Gusseisen. Diese leiten die Wärme ideal.

Durch die Verwendung eines doppelwandigen Deckels wird die Temperatur im Inneren des Grills gehalten und die Hitze wird effizient genutzt. Achten Sie auch darauf, dass sich die Brenner separat einstellen lassen. Somit wird die perfekte Grilltemperatur geregelt und nur die Menge an Gas verbraucht, die Sie benötigen.

Manche Gasgrill-Modelle bieten auch die Möglichkeit, mehrere Gasflaschen gleichzeitig zu verwenden. Dies ist lediglich sinnvoll, wenn eine sehr hohe Leistung notwendig ist. Es werden auch viele weitere Zusatzfunktionen angeboten. Je mehr Extras es gibt, umso höher sollte die Leistungsfähigkeit sein.

HEIZZONEN

Viele Gasgrill-Modelle bieten die Möglichkeit unterschiedlicher Heiz- bzw. Temperaturzonen. Hierbei wird die Grillfläche in bis zu vier verschiedene Grillzonen eingeteilt. Die unterschiedlichen Bereiche werden je nach Bedarf einzeln eingestellt: Somit bereiten Sie gleichzeitig Würstchen, ein saftiges Steak und Grillgemüse perfekt zu!

BACKBURNER, SEITENBRENNER UND INFRAROTBRENNER

Optional befindet sich senkrecht an der Rückwand des Grills der sogenannte Backburner bzw. Heckbrenner. Dieser wird vor allem in Kombination mit einem Drehspieß genutzt. Der Backburner eignet sich super für ein knuspriges Hähnchen, einen Gyrosspieß oder einen leckeren Gemüsespieß. Er dient ebenfalls zum indirekten Grillen.

Durchaus als nützlich erweist sich der Seitenbrenner. Dabei handelt es sich um eine Seitenkochplatte, mit der Sie Ihr leckeres Grillgut warmhalten können. Aber das ist noch lange nicht alles! Hier werden auch leckere Beilagen, Saucen, Suppen und sogar köstliche Desserts zubereitet. Auf der Seitenkochplatte kochen Sie, wie aus der Küche gewohnt, mit Pfanne oder Topf.

Der Infrarotbrenner ist auch unter dem Namen Sizzle-Zone bekannt. Er arbeitet mit der Infrarot-Technik und nutzt Strahlungswärme. Diese entsteht beim direkten Auftreffen auf Ihrem Grillgut. Hier wird Ihr Steak bei einer Temperatur um die 800 °C gegrillt. So wird es außen scharf angebraten und bleibt im Inneren saftig. Den Infrarotbrenner gibt es entweder als eigenständigen Brenner direkt unter dem Grillrost oder als Seitenbrenner. Er besteht meist aus Edelstahl oder Gusseisen. Ein Infrarotbrenner zählt zu einer Top-Ausstattung!

GASGRILL-VARIANTEN

Einen Gasgrill gibt es in verschiedenen Varianten. Vom 2 kg leichten, transportierbaren Camping–Grill bis hin zur 130 kg schweren, luxuriösen Outdoor-Küche mit festem Standplatz ist alles dabei. Achten Sie bei jedem Modell auf eine gute Standfestigkeit, damit niemand zu Schaden kommt.

Kugel-Gasgrill

Der typische Kugel-Gasgrill ist meist in einer kleinen bis mittelgroßen Variante zu haben. Die kleinsten Modelle sind auch ideal zum Campen geeignet. Durch seine Form ist es mit diesem Grill ebenfalls möglich, einen Braten darin köstlich zuzubereiten, und dies trotz seiner geringeren Größe. Durch ein bis drei Brenner erreicht er ideale Grilltemperaturen von 100 °C bis 300 °C. Einige Modelle gibt es auch mit Seitenbrenner. Oftmals sind praktische Rollen an den Beinen montiert, damit ist der Kugel-Gasgrill leicht transportierbar.

Tisch-Gasgrill

Dank des Tisch-Gasgrills wird auch auf dem kleinsten Balkon nicht auf den Grillspaß verzichtet. Die Grillfläche ist hier rund, oval oder rechteckig. Meist mit ein bis zwei Brennern ausgestattet, besitzen exklusivere Modelle sogar einen Seitenbrenner. Durch die geringe Größe ist hier ein Brenner ausreichend, um eine gleichmäßige Temperatur zu erreichen. Der Tisch-Gasgrill wiegt nur zwischen 3 kg und 13 kg, womit er auch ideal zum Campen mitgenommen werden kann. Die schwereren Modelle zeichnen sich durch höhere Stabilität aus.

ACHTUNG: Der kleine Grill wirkt zwar recht ungefährlich, trotzdem darf er aus Sicherheitsgründen ausschließlich im Freien benutzt werden!

Camping-Gasgrill

Als Camping-Gasgrill eignen sich mehrere Modelle, wie die schon vorgestellten Tisch-Gasgrille und die kleineren Varianten des Kugel-Gasgrills. Das Standardmodell ist der Kompaktgrill. Dieser hat drei Stehbeine sowie einen Tragegriff und lässt sich leicht montieren. Weiter gibt es noch den Koffergrill. Er verdankt seinen Namen der Tatsache, dass er einfach wie ein Koffer zusammengeklappt werden kann. Seine Standbeine können ebenfalls zusammengeklappt werden. Einige Camping-Gasgrille verfügen sogar über eine Seitenkochplatte. Achten Sie bei der Wahl auf das Gewicht: Je weiter der Grill zu Fuß transportiert wird, desto leichter sollte er sein.

Edelstahl-Gasgrill

Der Edelstahl-Gasgrill besticht durch sein schickes und elegantes Aussehen. Egal, ob auf dem Balkon oder im Garten, er ist ein wahrer Blickfang. Edelstahl ist außerdem ein sehr hochwertiges Material und dazu noch pflegeleicht. Die Modelle reichen vom kleinen Tisch-Grill bis hin zur großen Luxusvariante. Letztere können Sie auch mit jeglichem zusätzlichen Equipment ausstatten.

Lavastein-Gasgrill

Der Lavastein-Gasgrill besitzt eine Füllung aus Lavasteinen, die sich direkt unter dem Grillrost befindet. Durch das Fett, das auf die Steine tropft, wird das typische Grillaroma erzeugt. Dieses hält locker mit dem eines Holzkohle-Grills mit! Somit erweist sich diese Variante als optimal, wenn Sie von Holzkohle auf Gas umsteigen. Der Lavastein-Grill arbeitet dabei mit niedrigen Temperaturen, was Ihnen zu guten und saftigen Leckereien verhilft. Da diese Steine auch ideale Wärmespeicher sind, geben sie die Wärme noch lange nach dem Abschalten des Gases an das Grillgut weiter.

Unangenehme Gerüche bei einem schönen Grillabend will keiner. Deshalb werden ab und an die Lavasteine vom heruntergetropften Fett gereinigt. Dies gelingt jedoch ganz einfach. Zunächst kochen Sie die Steine in heißem Wasser und etwas Essig aus. Danach spülen Sie sie gut ab, damit alle Essensreste entfernt werden. Sobald die Steine trocken sind, kommen sie wieder ab in den Grill. Fertig! Nach ca. zwei Jahren sollten Sie die Lavasteine jedoch austauschen.

Der Umgang mit einem Gasgrill

DIE RICHTIGEN GASFLASCHEN – PROPAN ODER BUTAN?

Propan und Butan haben gemeinsam, dass sie sich beim Austritt aus der Flasche von einem flüssigen in einen gasförmigen Zustand verwandeln. Sie haben jedoch auch einen Unterschied: Propan-Gas nimmt den gasförmigen Zustand schon bei Temperaturen von -20 °C bis hin zu -40 °C an. Butan bleibt jedoch bei Temperaturen ab 0 °C und kälter flüssig. Im Sommer kann also unbedenklich mit beiden Arten gegrillt werden, im Winter greifen Sie jedoch besser zu Propan-Gas.

Beide Arten können Sie im Baumarkt, an Tankstellen und oftmals auch schon im Getränkemarkt erwerben. Die Standard-Größen für eine Gasgrill-Flasche sind dabei 5 kg und 11 kg. Dabei kommt es darauf an, wie oft Sie grillen und wie groß Ihr Grill ist. Für Ihren Tischgrill eignet sich schon eine kleine Gaskartusche, die einfach angeschraubt werden kann. Ratsam ist es, immer eine Ersatzflasche bzw. -kartusche zu Hause zu haben. So nimmt der Grillspaß kein jähes Ende, nur weil das Gas aus ist. Die Flaschen können Sie ausleihen oder kaufen. Pfandflaschen sind rot und Kaufflaschen sind grau, somit erkennen Sie den Unterschied sofort. Sobald die Gasflasche leer ist, werden beide Arten einfach wieder aufgefüllt. Achten Sie beim Kauf darauf, dass Sie nun auch für das Prüfsiegel verantwortlich sind! Diese Verantwortlichkeit tragen Sie bei der Pfandflasche nicht.

MÖGLICHKEITEN FÜR DEN WINTER

Langsam wird es draußen kälter und bald geht der Gasgrill in die Winterpause. Noch ein letztes Mal genießen Sie Ihre Grill-Spezialitäten. Aber müssen Sie wirklich im Winter darauf verzichten? Definitiv nicht! Wenn einige Dinge beachtet werden, geht der Grillspaß in der kalten Jahreszeit einfach weiter. Wie das funktioniert und wie Sie Ihren Gasgrill winterfest machen, falls Sie ihn im Winter doch nicht nutzen, lesen Sie hier.

Zwischen der gewünschten Hitze auf dem Rost und der Außentemperatur herrscht ein großer Unterschied im Winter. Um diesen gut auszugleichen, erhitzen Sie den Grill einfach stärker. Die Grillzeit kann sich verlängern. Achten Sie darauf, im Winter nur Propan-Gas zu verwenden. Butan-Gas erreicht bei zu kalten Temperaturen keinen gasförmigen Zustand und ist dann für Ihren Gasgrill nutzlos. Tragen Sie nur professionelle Grillhandschuhe und niemals einfache Baumwollhandschuhe. Dies ist sehr wichtig für Ihre eigene Sicherheit!

Frostige Temperaturen verlocken jedoch dazu, den Grill mit nach drinnen zu nehmen. Das dürfen Sie aus Sicherheitsgründen auf keinen Fall tun! Um zu vermeiden, dass das Grillgut kalt wird, servieren Sie es einfach auf vorgeheizten Tellern.

Wenn der Grill draußen bleibt, ist er jedoch dem winterlichen Wetter ausgeliefert. Deshalb denken Sie auf jeden Fall daran, eine passende Schutzhaube zu kaufen. Damit wird der Grill komplett abgedeckt und sie lässt sich so gut befestigen, dass sie auch im Sturm nicht verweht.

Falls der Grill über den Winter nicht genutzt wird, muss er winterfest gemacht werden. Dies verhindert Rost und Beschädigungen. Zunächst wird der Gasgrill dafür einer gründlichen Reinigung unterzogen. Weiter wird die Gasflasche vom Grill abgeklemmt und der Flaschenhals wird fest und sicher verschlossen. Über das Ventil ist eine Schutzkappe gestülpt. Diese verhindert ein versehentliches Öffnen. Unter einer Überdachung kann die Gasflasche auch im Freien überwintern. Wenn die Gasflasche in einem geschlossenen Raum gelagert wird, sollte dieser gut belüftet sein. Der Gasgrill selbst wird in Garage, Keller oder Gartenhaus gestellt. Falls dies nicht möglich ist, einfach eine Schutzhaube verwenden.

REINIGUNG

Eine regelmäßige Reinigung sorgt dafür, dass Sie lange Spaß an Ihrem Gasgrill haben. Dabei ist seine Pflege leicht. Zunächst wird der Grill auf die höchste Temperatur gebracht. So werden Speise- und Fettreste verbrannt. Danach wird der Grillrost ganz einfach mit einer Stahlbürste abgebürstet. Dies wird auch als „Sauberbrennen“ bezeichnet und ist im Normalfall völlig ausreichend. Ansonsten wird der Grillrost aus Edelstahl mit Wasser und einem einfachen Spülmittel gereinigt und mit klarem Wasser abgespült. So wird auch die Auffangschale gereinigt. Ein Grillrost aus Gusseisen wird nicht mit Spülmittel gesäubert, da dieses den gusseisernen Rost kaputt macht. Falls es doch einmal zu hartnäckigeren Verkrustungen an Ihrem Grill kommt, greifen Sie einfach zu geeigneten Grillreinigern. Diese helfen Ihnen schnell und effektiv. Weiteres Zubehör, wie zum Beispiel Gemüseschalen, sind meist spülmaschinenfest. Ablageflächen, Deckel und Wände werden mit Spülmittel gesäubert.

EXTRA-TIPP: Den Grillrost vor dem Grillen mit Fett einreiben! So bleiben Essensreste weniger gut haften.

Doch auch der Rest des Grills benötigt ab und an Pflege. Falls Sie viel grillen, ist dies einmal im Monat ratsam. Als Erstes wird die Gasflasche abgenommen und sicher verschlossen. Danach werden alle Schrauben abgenommen und in lauwarmes Wasser mit ein bisschen Seife eingelegt. Anschließend werden diese mit Stahlwolle gesäubert. Bei hartnäckigen Verschmutzungen kann ein Messer zur Hilfe genommen werden. Anschließend wird alles mit klarem Wasser abgespült. Sobald alle Schrauben trocken sind, werden sie wieder eingebaut und die Gasflasche wird montiert. Vergessen Sie auch nicht, die Brenner abzubürsten und den Bodentrichter zu reinigen. Der Bodentrichter wird mit einer Spachtel von Essensresten befreit. Bei stärkerer Verschmutzung in warmer Seifenlauge einweichen und dann mit Stahlwolle vorsichtig abbürsten, ohne die Oberfläche zu verkratzen. Diese Grundreinigung wird auch durchgeführt, bevor der Gasgrill für die kalte Jahreszeit verstaut wird.

Das ideale Grillequipment

GRILLROST

Der Grillrost kann aus verschiedenen Materialien bestehen. Achten Sie vor allem darauf, dass er stabil und möglichst rostfrei ist. Meistens wird ein Rost aus Edelstahl, Gusseisen oder emailliertem Stahl verwendet. Falls Sie sich nicht entscheiden können: Der Grillrost kann jederzeit ausgetauscht werden. Sie können sich also verschiedene Modelle anschaffen und diese abwechselnd nutzen.

Ein Grillrost aus emailliertem Stahl ist relativ rostfrei und bruchsicher. Dabei ist er einfach zu reinigen. Er ist besonders geeignet für Grill-Einsteiger. Profis entscheiden sich meist für die qualitativ hochwertigeren Grillroste aus Edelstahl oder Gusseisen.

Edelstahl ist pflegeleicht, sehr robust und rostfrei. Sie können sich lange an Ihrem Grillrost aus Edelstahl erfreuen! Achten Sie beim Kauf einfach auf eine gute Qualität.

Mit einem Rost aus Gusseisen erhalten Sie das typische Branding auf Ihren Grillspezialitäten. Zur Pflege immer gut säubern, trocknen und ab und an einölen. Alternativ bietet sich auch ein emaillierter Gusseisenrost an: Durch die Emaillierung ist er vor Rost geschützt und pflegeleichter. Gehen Sie mit beiden Arten vorsichtig um, sie sind nicht bruchsicher.

ABDECKUNGEN

Mit der richtigen Abdeckung wird Ihr Gasgrill vor Wind, Wetter und unnötiger Verschmutzung geschützt. Das richtige Material ist wasserabweisend, UV- sowie frostbeständig. Für jede Gasgrill-Variante gibt es das passende Modell. Oftmals wird die optimale Abdeckung direkt vom Hersteller angeboten. Diese Schutzhauben sind auf jeden Fall ratsam, wenn der Grill draußen überwintert.

Ab und an wird auch die Abdeckhaube gereinigt. Meistens reicht es, diese mit Wasser abzuspritzen, ansonsten greifen Sie zu Spülmittel. Einige Modelle sind waschmaschinengeeignet.

ZANGEN, BESTECK UND HANDSCHUHE

Zum Wenden von Fleisch wird immer eine Grillzange verwendet. So wird verhindert, dass Fleischsaft austritt, und Ihr Grillgut bleibt schön saftig. Eine gute, stabile Grillzange gehört zur Grundausstattung. Deshalb sollte besonders Wert auf Qualität gelegt werden. Unterschieden wird eine ein- und zweiteilige Variante. Die einteilige Zange ist einfach in der Mitte gebogen. Die zweiteilige Variante gleicht einer Schere, sie hat ein Gelenk in der Mitte. Die Wahl ist reine Geschmackssache. Nehmen Sie beide in die Hand, um zu sehen, welche Ihnen besser liegt. Einige Modelle werden sogar mit integriertem Thermometer angeboten.

Neben der Zange gibt es natürlich noch weiteres Grillbesteck. Spezielle Grillwender werden vor allem zum Wenden von Burger-Patties benutzt. Eine Grillgabel erweist sich ebenfalls als nützlich. Jedoch wird diese nicht für das Fleisch-Wenden verwendet, da durch das Einstechen der Fleischsaft austritt und Ihr Grillgut wird weniger saftig. Sobald das Fleisch jedoch fertig ist und zur weiteren Verarbeitung fixiert wird, ist die Gabel ideal. Um Ihre Köstlichkeiten während des Grill-Vorgangs ab und an mit Marinade zu bestreichen, nehmen Sie einen Grillpinsel zur Hand. Zum Besteck wird oft auch eine Grillbürste gezählt, eine Stahlbürste, die zur Reinigung des Grills unabdingbar ist.

Gute Qualität ist bei jeglichem Grillbesteck wichtig. Als Material eignet sich auch hier vor allem Edelstahl sehr gut. Achten Sie darauf, dass das gesamte Besteck ausreichend lang ist. Je größer der Grill ist, desto länger sollte es sein. Damit werden Verbrennungen vermieden. Die Griffe sind vorzugsweise aus hitzeresistentem Material und nicht rutschig. Holz (bei ausreichender Länge des Bestecks) oder hitzeresistenter Gummi werden für die Griffe oft bevorzugt.

Um Verbrennungen zu vermeiden, greifen Sie zu speziellen Grillhandschuhen. Davon gibt es viele verschiedene Modelle. Wichtig ist, dass sie ausreichend hitzeresistent sind. Häufig werden sie aus Leder, Silikon oder Kunststoff gefertigt. Die Handschuhe sollten gut passen, damit Sie sie einwandfrei zum Grillen nutzen können.

TIPP: Eine Grillschürze schützt Sie vor unliebsamen Fettspritzern.

DUTCH OVEN UND PFANNEN

Der Dutch Oven ist ein Topf aus Gusseisen, der direkt auf der Grillkohle steht. Aber auch auf dem Rost Ihres Gasgrills macht sich der Dutch Oven ideal. Mit diesem Topf leben Sie Ihre Koch-Lust aus! Er eignet sich sowohl zum Frittieren, Rösten und Anbraten als auch zum Backen. Die

Hitze verteilt sich optimal im Inneren. Ihre Speisen werden darin langsam und gleichmäßig gegart.

Eine Pfanne aus Aluminium ist für Gemüse ausreichend. Für alles andere greifen Sie besser zu einer Pfanne aus Edelstahl oder Gusseisen. Der Vorteil einer Gusseisenpfanne ist die Wärmespeicherung. Diese Pfanne gibt auch nach Abschalten des Gases noch lange Wärme an Ihr Grillgut ab. Eine geriffelte Pfannenfläche ist einer glatten vorzuziehen, denn sie sorgt für das typische Grill-Muster Ihrer Speisen und überschüssiges Fett landet einfach in den Rillen.

EXTRAS FÜR FLEISCH, FISCH UND GEMÜSE

Das Equipment für Ihren Gasgrill ist vielseitig. Egal, ob Sie lieber Fleisch, Fisch oder Gemüse grillen: Für jeden Geschmack findet sich das richtige Zubehör.

Bei größeren Gasgrill-Modellen ist es möglich, an der Rückwand einen Drehspieß einzusetzen. Dieser ist motorbetrieben. Bereiten Sie sich damit ein knuspriges Grillhähnchen oder einen leckeren Gyrosspieß zu. Für Hähnchen-Schenkel oder -Flügel gibt es spezielle Geflügelhalter. Weiter stehen spezielle Bratenkörbe und Spareribs-Halter zur Auswahl. Einige Spareribs-Halter dienen gleichzeitig als Bratenkörbe. Edelstahl ist bei all diesem Zubehör hervorragend als Material geeignet.

Für einen schmackhaften Fisch gibt es zwei geeignete Möglichkeiten. Der Fischbräter bzw. -wender hält den Fisch zwischen zwei Gittern fest. Somit kann er einfach gewendet werden, ohne auseinanderzufallen. Weiter gibt es den Fischhalter bzw. -griller. Bei diesem wird der Fisch aufgelegt oder aufgesteckt. Idealerweise geschieht das mit Bauch nach oben, um ihn lecker zu füllen.

Spezielle Gemüsekörbe werden vor dem Gebrauch eingeölt. Dann können Sie darin auch schon Ihr Gemüse vorbereiten. Egal, ob Veganer, Vegetarier oder Steak-Liebhaber: In diesem Korb zubereitetes Gemüse schmeckt jedem.

Für Fleisch, Fisch und Gemüse gleichermaßen geeignet ist die Burgerpresse. Somit bereiten Sie sich die perfekten Burger-Patties für jeden Geschmack zu.

Die vielfältigen Möglichkeiten Ihres Gasgrills werden durch spezielle Pizza-Steine noch erweitert. Darauf bereiten Sie frische Pizza oder leckeren Flammkuchen zu. Der Stein wird dafür einfach auf den Grillrost gelegt.

TROPFSCHALE

Während des Grillens tropft häufig Fett herunter. Dafür befindet sich oftmals unter den Grillflächen eine sogenannte Tropf- bzw. Auffangschale. Diese einfach mit Wasser befüllen. Hier wird das überschüssige Fett aufgefangen und kann so leichter entsorgt werden. Durch das Wasser wird auch eine hohe Luftfeuchtigkeit im Grill geschaffen, was das Fleisch besonders saftig macht. Die meisten Tropfschalen sind spülmaschinenfest.

TIPP: Wenn Sie die Auffangschale beispielsweise mit Bier oder Wein füllen, bekommt Ihr Grillgut zusätzlich ein spezielles Aroma. Probieren Sie es aus!

THERMOMETER

Die meisten Gasgrills haben ein Thermometer im Deckel integriert. So haben Sie die Temperatur immer genau im Blick. Dies funktioniert bei geschlossenem Deckel. Weiter gibt es spezielle Grill-Thermometer, mit denen Sie die Temperatur Ihres Grillguts feststellen können. Dafür wird einfach mit einer kleinen Nadel kurz in die Speisen gestochen. Vor allem nützlich, um die genaue Kerntemperatur von Fleisch und Fisch festzustellen.

SMOKER-BOX

Um das herrliche Grill-Aroma auch bei einem Gasgrill zu erhalten, wurde die Smoker-Box entwickelt. Dabei handelt es sich um eine kleine Box, meist aus Edelstahl, die neben dem Grillgut auf dem Rost liegt. Für ein gutes Aroma können Sie die Füllung variieren. Zur Auswahl stehen Holzchips und Räucherholz, welche Sie mit Kräutern, Bier und Wein ganz nach Ihrem Geschmack veredeln können.

101 Rezepte
20 Fleischrezepte

HÄHNCHENKEULE PROVENCE

Ideal: indirektes Grillen

Nährwerte pro Portion: 438 kcal, 1.7 g Kohlenhydrate, 29.4 g Fett, 38.2 g Eiweiß

Zutaten für 4 Portionen:

Für die Marinade:

✓ 2 Knoblauchzehen

✓ 140 ml Weißwein

✓ 1 EL mittelscharfer Senf

✓ 2 EL Wein-Branntwein-Essig

✓ 1 EL Kräuter (Thymian, gerebelt; Rosmarin, Salbei und Basilikum, fein gehackt)

✓ ½ EL scharfes Paprikapulver

✓ 3 EL Olivenöl

Für das Fleisch:

✓ 4 Stück (ca. 1 kg) Hähnchenkeulen

✓ etwas Salz und Pfeffer

Zubereitung:

1. Marinade: Knoblauch pressen und mit Weißwein, Senf, Essig, Kräutern, Paprikapulver und Öl vermischen.

2. Hähnchenkeulen 3-4 Mal einschneiden. Alle Seiten, dabei vor allem

die Einschnitte, mit Marinade bestreichen. Abgedeckt im Kühlschrank 4–5 Stunden ziehen lassen.

3. Hähnchenkeulen aus Marinade nehmen und abtropfen lassen. Auf dem vorbereiteten Grill bei mittlerer Hitze mit der Hautseite nach unten ca. 15 Minuten grillen. Hähnchenkeulen wenden und weitere 10 Minuten grillen. Ein letztes Mal wenden und weitere 5 Minuten grillen. Mit Salz und Pfeffer würzen.

FEINE LiMETTEN-ENTENBRUST

Ideal: indirektes Grillen, Smoker-Box

Nährwerte pro Portion: 486 kcal, 7.5 g Kohlenhydrate, 35 g Fett, 37 g Eiweiß

Zutaten für 4 Portionen:

Für die Marinade:

- ✓ 4 unbehandelte Limetten
- ✓ 1 ½ TL Kubeben-Pfeffer
- ✓ ½ TL rosa Pfeffer
- ✓ ¾ TL Koriander, fein gehackt
- ✓ 1 ½ EL Salz
- ✓ 1 ½ EL brauner Zucker

Für das Fleisch:

- ✓ 4 Stück (ca. 800 g) Entenbrust
- ✓ evtl. Smoker-Box

Zubereitung:

1. Marinade: Limetten-Schale fein abreiben. Abrieb mit Pfeffer, Koriander, Salz und Zucker mischen.

2. Auf der Fettseite Entenbrust rautenförmig einschneiden. Achtung: Nicht ins Fleisch schneiden! Entenbrust mit Marinade bestreichen. Über Nacht abgedeckt im Kühlschrank ziehen lassen.

3. Entenbrust direkt auf den Grillrost legen und ca. 25 Minuten grillen. Die letzten zehn Minuten, wenn gewünscht, Smoker-Box hinzufügen.

4. Entenbrust vom Grill nehmen und 5 Minuten ruhen lassen. In Streifen schneiden und servieren.

HONIG-ZITRONEN-HÄHNCHEN

Ideal: indirektes Grillen

Nährwerte pro Portion: 515 kcal, 29.3 g Kohlenhydrate, 30.3 g Fett, 30.5 g Eiweiß

Zutaten für 4 Portionen:

Für die Marinade:

- ✓ 2 Knoblauchzehen
- ✓ 1 unbehandelte Zitrone
- ✓ 150 g Honig
- ✓ 1 TL scharfes Paprikapulver
- ✓ 2 TL Tomatenketchup
- ✓ 2 TL Sonnenblumenöl

Für das Fleisch:

- ✓ 12 Stück (ca. 1 kg) Hähnchenflügel
- ✓ etwas Salz und Pfeffer

Zubereitung:

1. Marinade: Knoblauch pressen. Zitrone auspressen und Schale abreiben. Knoblauch, Zitronensaft und -abrieb, Honig, Paprikapulver, Ketchup und Öl miteinander vermischen.

2. Hähnchenflügel mit Marinade bestreichen und die restliche Marinade aufbewahren. Abgedeckt im Kühlschrank ca. 4–5 Stunden ziehen lassen.

3. Hähnchenflügel ca. 20 Minuten grillen. Hin und wieder wenden und mit Marinade bestreichen. Vor dem Servieren mit Salz und Pfeffer würzen.

PUTENRÖLLCHEN ITALIENISCH

Ideal: direktes und indirektes Grillen kombiniert

Nährwerte pro Portion: 278 kcal, 1.8 g Kohlenhydrate, 12.1 g Fett, 40.1 g Eiweiß

Zutaten für 4 Portionen:

✓ 2 Tomaten

✓ 125 g Mozzarella

✓ 1 EL Basilikum, frisch gehackt

✓ 1 EL Olivenöl

✓ etwas Salz und Pfeffer

✓ 4 Stück (ca. 500 g) Putenschnitzel

✓ 8 Scheiben Parmaschinken

Zubereitung:

1. Tomaten und Mozzarella in Würfel schneiden. Mit Basilikum und Olivenöl vermischen. Mit Salz und Pfeffer würzen.

2. Putenschnitzel flack klopfen. Mit Tomaten-Mozzarella-Mischung bestreichen und aufrollen.

3. Je zwei Scheiben Schinken halb aufeinanderlegen und die Putenröllchen fest damit umwickeln. Nochmals mit Salz und Pfeffer würzen. Die Röllchen ca. 10–12 Minuten grillen.

RINDFLEISCH-LIMETTEN-SPIESSE

Ideal: direktes Grillen

Nährwerte pro Portion: 277 kcal, 8.8 g Kohlenhydrate, 15.3 g Fett, 22.5 g Eiweiß

Zutaten für 4 Portionen:

Für die Marinade:

- ✓ 2 ½ EL Satay-Pulver
- ✓ 4 EL Sonnenblumenöl

Für den Spieß:

- ✓ 400 g Rinderhüftsteak
- ✓ 2 Limetten
- ✓ etwas Salz
- ✓ 8 Spieße

Zubereitung:

1. Marinade: Satay-Pulver mit Öl vermischen.

2. Rinderhüftsteak in ca. 2 cm dicke Stücke schneiden und salzen. In Marinade einlegen und für 2 Stunden abgedeckt im Kühlschrank ziehen lassen.

3. Limetten in dünne Scheiben schneiden. Spieße abwechselnd mit Fleisch und Limette bestücken. Die Grillzeit liegt zwischen 1 und 5 Minuten pro Seite, je nachdem, ob das Fleisch ein wenig blutig oder gut durch sein soll. Mit Salz würzen.

SAFTIGE KALBSKOTELETTS

Ideal: direktes und indirektes Grillen kombiniert

Nährwerte pro Portion: 323.5 kcal, 2.5 g Kohlenhydrate, 10 g Fett, 55.5 g Eiweiß

Zutaten für 4 Portionen:

Für die Marinade:

- ✓ 1 Knoblauchzehe
- ✓ 1 EL Dijon-Senf
- ✓ 2 EL Olivenöl
- ✓ 1 TL Sambal Oelek
- ✓ 1 EL Rosmarin, fein gehackt

Für das Fleisch:

4 Stück (ca. 1 kg) Kalbskoteletts

etwas Salz und Pfeffer

Zubereitung:

1. Marinade: Knoblauch fein hacken. Mit Senf, Öl, Sambal Oelek und Rosmarin vermischen.

2. Kalbskoteletts seitlich einschneiden. Fleisch mit Marinade einstreichen und den Einschnitt damit füllen. Abgedeckt im Kühlschrank ca. 3 Stunden ziehen lassen.

3. Koteletts von beiden Seiten ca. 3–4 Minuten direkt grillen. Anschließend indirekt fertig grillen. Mit Salz und Pfeffer würzen.

RINDERSTEAK MIT ZIEGENKÄSE

Ideal: direktes Grillen

Nährwerte pro Portion: 407.5 kcal, 2.8 g Kohlenhydrate, 21.5 g Fett, 51 g Eiweiß

Zutaten für 4 Portionen:

✓ 4 Stück (ca. 800 g) Rindersteak, ca. 2 cm dick

✓ 2 EL Olivenöl

✓ etwas Salz und Pfeffer

✓ 400 g Kirschtomaten

✓ 150 g Ziegenkäse-Rolle

✓ 1 ½ EL Thymian, gerebelt

Zubereitung:

1. Steaks beidseitig salzen und pfeffern.

2. Olivenöl mit Salz und Pfeffer würzen und die Kirschtomaten darin wenden.

3. Ziegenkäse in 8 Scheiben schneiden.

4. Rindersteaks ca. 3 Minuten grillen. Wenden, zwei Stück Ziegenkäse auf ein Steak legen und mit Thymian bestreuen. Weitere 3 Minuten grillen.

5. Ca. 1 Minute, bevor die Steaks fertig sind, die Tomaten auf den Grill legen.

6. Steaks vom Grill nehmen und 5 Minuten ruhen lassen. Zusammen

mit den Tomaten servieren.

RUMPSTEAK AUF FRISCHEM SPARGEL

Ideal: direktes Grillen

Nährwerte pro Portion: 488.5 kcal, 5.5 g Kohlenhydrate, 24 g Fett, 62.5 g Eiweiß

Zutaten für 4 Portionen:

Für Marinade 1:

- ✓ 2 Knoblauchzehen
- ✓ 1 EL Thymian, gerebelt
- ✓ 2 EL Rosmarin, gerebelt
- ✓ 3 EL Olivenöl

Für Marinade 2:

- ✓ 1 unbehandelte Zitrone
- ✓ 2 Knoblauchzehen
- ✓ 1 TL rote Pfefferbeeren
- ✓ 3 EL Olivenöl
- ✓ 4 EL Petersilie, fein gehackt

Für den Spargel:

- ✓ 500 g grüner Spargel
- ✓ etwas Salz

Für das Fleisch:

- ✓ 4 Stück (ca. 800 g) Rumpsteak

✓ etwas Salz und Pfeffer

Zubereitung:

1. Marinade 1: Knoblauchzehen fein hacken. Mit Thymian, Rosmarin und Öl vermischen.

2. Marinade 2: Zitronenschale abreiben. Knoblauchzehen und Zitronenschale fein hacken. Rote Pfefferbeeren andrücken. Alles mit Öl und Petersilie vermischen.

3. Rumpsteaks mit Marinade 1 bestreichen und abgedeckt im Kühlschrank 30 Minuten ziehen lassen.

4. Spargel ca. 2 Minuten in kochendem Salzwasser garen. Mit kaltem Wasser abschrecken und abtropfen lassen.

5. Rumpsteaks und Spargel 3–5 Minuten grillen. Alles wenden, mit Marinade 2 bestreichen und für 3–5 Minuten grillen. Fleisch kurz ruhen lassen und auf dem Spargel servieren.

SCHWEINSHAXE

Ideal: indirektes Grillen

Nährwerte pro Portion: 1015 kcal, 1.8 g Kohlenhydrate, 71.5 g Fett, 92 g Eiweiß

Zutaten für 4 (große) Portionen:

Für die Marinade:

- ✓ 1 TL weißer Pfeffer
- ✓ 2 TL Majoran, gerebelt
- ✓ 2 TL Beifuß, gerebelt
- ✓ 2 TL Rosmarin, gerebelt
- ✓ 1 TL Kümmel, gemahlen

Für das Fleisch:

- ✓ 4 Stück (ca. 2,5 kg) Vorderhaxen vom Schwein
- ✓ 4 EL grobes Meersalz

Zubereitung:

1. Marinade: Pfeffer, Majoran, Beifuß, Rosmarin und Kümmel vermischen.

2. Schwarte mit einem scharfen Messer rautenförmig einschneiden. Achtung: Nicht ins Fleisch schneiden!

3. Die Einschnitte mit Meersalz einreiben und das Fleisch abgedeckt im Kühlschrank 20 Minuten ziehen lassen.

TIPP: Tropfschale mit etwas Tomatenmark, angebratenem Gemüse, Schwarzbier und Fleischbrühe füllen. Das erzeugt ein leckeres Aroma! Mit hineingetropftem Fleischsaft als Soße verwenden.

SENF-MINUTENSTEAKS

Ideal: direktes Grillen

Nährwerte pro Portion: 326 kcal, 18.25 g Kohlenhydrate, 14 g Fett, 41 g Eiweiß

Zutaten für 4 Portionen:

Für die Marinade:

- ✓ 2 Knoblauchzehen
- ✓ 1 Zwiebel
- ✓ 2 EL mittelscharfer Senf
- ✓ 4 EL Balsamico-Essig
- ✓ 1 EL Honig
- ✓ 2 EL Rosmarin, grob gehackt
- ✓ 3 EL Olivenöl

Für das Fleisch:

- ✓ 8 Stück (ca. 600 g) Minutensteaks vom Schwein
- ✓ etwas Salz und Pfeffer

Zubereitung:

1. Marinade: Knoblauch pressen und Zwiebel fein würfeln. Mit Senf, Essig, Honig, Rosmarin und Öl vermischen.

2. Minutensteaks in Marinade einlegen und abgedeckt im Kühlschrank ca. 1–2 Stunden ziehen lassen.

3. Minutensteaks aus Marinade nehmen und beidseitig je ca. 1 Minute grillen. Mit Salz und Pfeffer würzen.

GEMÜSE-SCHWEINEFILET-SPIESSE

Ideal: direktes und indirektes Grillen kombiniert

Nährwerte pro Portion: 326.5 kcal, 14 g Kohlenhydrate, 13.5 g Fett, 36.5 g Eiweiß

Zutaten für 4 Portionen:

- ✓ 8 kleine, festkochende Kartoffeln
- ✓ etwas Salz
- ✓ 600 g Schweinefilet
- ✓ 1 rote Paprika
- ✓ 1 gelbe Paprika
- ✓ 200 g kleine Champignons
- ✓ 8 Rosmarinzweige
- ✓ etwas Salz und Pfeffer
- ✓ 4 EL Olivenöl
- ✓ 8 Grillspieße

Zubereitung:

1. Kartoffeln waschen und in Salzwasser für ca. 20 Minuten fertig garen.

2. Schweinefilet und Paprika in ca. 2 cm dicke Stücke schneiden. Champignons abreiben.

3. Jeden Spieß mit einem Rosmarinzweig und einer Kartoffel

bestücken. Den restlichen Spieß abwechselnd mit Fleisch, Paprika und Champignons bestücken. Mit Öl bestreichen und mit Salz und Pfeffer würzen.

4. Beidseitig je 1 Minute direkt angrillen. Weitere 10 Minuten indirekt grillen.

BÄRLAUCH-SCHWEINERIPPE

Ideal: direktes und indirektes Grillen kombiniert

Nährwerte pro Portion: 636.3 kcal, 3 g Kohlenhydrate, 45.3 g Fett, 53.3 g Eiweiß

Zutaten für 4 Portionen:

Für die Bärlauchpesto:

- ✓ 20 g Pinienkerne
- ✓ 40 g Bärlauch
- ✓ 40 g Parmesan, frisch gerieben
- ✓ 7 EL Olivenöl

Für das Fleisch:

- ✓ 8 Scheiben (ca. 1 kg) dicke Rippe vom Schwein
- ✓ etwas Salz und Pfeffer
- ✓ 25 g Parmesan, frisch gerieben

Zubereitung:

1. Bärlauchpesto: Pinienkerne in einer Pfanne ohne Fett anbräunen. Vom Herd nehmen und abkühlen lassen. Bärlauch grob hacken. Pinienkerne, Parmesan, Bärlauch und Öl im Mixer pürieren.

2. Schweinerippen von allen Seiten mit Salz und Pfeffer würzen. Beidseitig kurz direkt angrillen.

3. Obere Seite der Schweinerippen mit Bärlauchpesto einstreichen und mit Parmesan bestreuen. Indirekt ca. 15 Minuten lang fertig grillen.

LAMMFILET AN MINZBUTTER

Ideal: direktes und indirektes Grillen kombiniert

Nährwerte pro Portion: 530.3 kcal, 1.5 g Kohlenhydrate, 37.3 g Fett, 47.3 g Eiweiß

Zutaten für 4 Portionen:

Für die Minzbutter:

- ✓ 100 g Butter
- ✓ 1 unbehandelte Limette
- ✓ 2 EL Minze, fein gehackt
- ✓ 1 EL Petersilie, fein gehackt
- ✓ etwas Salz und Pfeffer

Für die Marinade:

- ✓ 2 Knoblauchzehen
- ✓ 2 EL Rosmarin, grob gehackt
- ✓ 4 EL Olivenöl

Für das Fleisch:

- ✓ 8 Stück (ca. 650 g) Lammfilets
- ✓ etwas Salz und Pfeffer

Zubereitung:

1. Minzbutter:

a) Butter 1 Stunde vor Zubereitung aus dem Kühlschrank nehmen.

Limette auspressen und Schale abreiben.

b) Butter ca. 4-5 Minuten mit einem Mixer aufschlagen. Minze, Petersilie, Limettensaft und -abrieb unter die Butter mischen. Mit Salz und Pfeffer würzen. Weitere 2–3 Minuten mit dem Mixer rühren.

c) Minzbutter zu einer Rolle formen, in Alufolie packen und über Nacht in den Kühlschrank legen.

2. Marinade: Knoblauch pressen und mit Rosmarin und Öl vermischen.

3. Die Lammfilets mit der Marinade einreiben und abgedeckt im Kühlschrank 4–5 Stunden ziehen lassen.

4. Lammfilets beidseitig direkt kurz angrillen. Weitere 3 Minuten je Seite indirekt fertig grillen. Mit Salz und Pfeffer würzen. Zusammen mit der in Scheiben geschnittenen Minzbutter servieren.

SCHARFES LAMMKOTELETT MIT GRIECHISCHEM JOGHURT

Ideal: direktes und indirektes Grillen kombiniert

Nährwerte pro Portion: 745 kcal, 7.3 g Kohlenhydrate, 55.5 g Fett, 55 g Eiweiß

Zutaten für 4 Portionen:

Für die Marinade:

- ✓ 1 kleine Zwiebel
- ✓ 5 EL Rapsöl
- ✓ 1 EL Rosmarin, grob gehackt
- ✓ 1 EL Chilischote, fein gehackt

Für den Joghurt:

- ✓ 50 g Cashewkerne
- ✓ 1 Knoblauchzehe
- ✓ 150 g griechischer Joghurt
- ✓ 2 EL Koriander, fein gehackt
- ✓ etwas Salz und Zucker

Für das Fleisch:

- ✓ 8 Stück (ca. 800 g) Lammkoteletts
- ✓ etwas Salz und Pfeffer

Zubereitung:

1. Marinade: Zwiebel in dünne Scheiben schneiden. Mit Öl, Rosmarin und Chili vermischen.

2. Joghurt: Cashewkerne in einer Pfanne ohne Fett anrösten, dabei mehrmals wenden, anschließend abkühlen lassen. Knoblauch fein würfeln. Joghurt mit Cashewkernen, Knoblauch und Koriander vermischen. Mit Salz und Zucker abschmecken.

3. Lammkoteletts in Marinade einlegen und abgedeckt für ca. 2 Stunden im Kühlschrank ziehen lassen.

4. Lammkoteletts aus der Marinade nehmen und mit Salz und Pfeffer würzen.

5. Lammkoteletts auf jeder Seite ca. 2 Minuten direkt angrillen. Danach beidseitig je ca. 5 Minuten indirekt fertig grillen. Zusammen mit dem Joghurt servieren.

SCHARFER CHICKEN-BURGER

Ideal: direktes Grillen

Nährwerte pro Portion: 583 kcal, 60 g Kohlenhydrate, 16 g Fett, 48.5 g Eiweiß

Zutaten für 4 Portionen:

Für die Joghurt-Sauce:

- ✓ 100 g Joghurt
- ✓ 3 TL edelsüßes Paprikapulver
- ✓ 3 EL Zitronensaft
- ✓ 1 EL Chilischote, fein gehackt

Für die Brötchen/den Belag:

- ✓ 1 rote Paprika
- ✓ 50 g Zuckerschoten
- ✓ 3 EL Sonnenblumenöl
- ✓ 1 EL Sojasauce
- ✓ 4 Burgerbrötchen
- ✓ 4 Salatblätter

Für das Fleisch:

- ✓ 2 Eier
- ✓ etwas Salz und Pfeffer
- ✓ 2 ½ EL Mehl
- ✓ 80 g ungesüßte Cornflakes

- ✓ 4 Stück (ca. 600 g) Hähnchenbrustfilets
- ✓ Gusseiserne Pfanne

Zubereitung:

1. Joghurt-Sauce: Joghurt mit Paprikapulver, Zitronensaft und Chilischote vermischen.

2. Paprika in Streifen schneiden sowie Zuckerschoten halbieren. Beides in einer Pfanne mit Öl ca. 1 Minute scharf anbraten. Mit Sojasauce vermischen und vom Herd nehmen. Eier mit Salz und Pfeffer in tiefem Teller verquirlen. Mehl und Cornflakes in je einen weiteren tiefen Teller geben. Hähnchenbrust halbieren, im Mehl wenden, durch die Eiermasse ziehen und in den Cornflakes wenden. Anschließend in der gusseisernen Pfanne auf jeder Seite ca. 7 Minuten grillen.

3. Innenflächen der Burgerbrötchen angrillen. Unterseite mit Sauce bestreichen. Mit Salatblatt, Hähnchenbrustfilet, Paprika und Zuckerschote belegen. Burgerdeckel auflegen.

HAWAII-BURGER

Ideal: direktes Grillen

Nährwerte pro Portion: 770 kcal, 44 g Kohlenhydrate, 49.5 g Fett, 37.3 g Eiweiß

Zutaten für 4 Portionen:

Für die Brötchen/den Belag:

- ✓ 4 EL Mayonnaise
- ✓ 1 TL Currypulver
- ✓ 2 Tomaten
- ✓ 1 rote Zwiebel
- ✓ 4 Scheiben Ananas
- ✓ 4 Burgerbrötchen
- ✓ 4 Salatblätter
- ✓ 4 Scheiben Cheddar

Für die Patties:

- ✓ 500 g Rinderhackfleisch
- ✓ 1 TL Salz
- ✓ ½ TL Pfeffer

Zubereitung:

1. Mayonnaise mit Curry vermischen. Tomaten und Zwiebel in Scheiben schneiden.

2. Patties: Hackfleisch mit Salz und Pfeffer würzen und die Masse verkneten. Vier flache Patties formen, am besten mit einer Burgerpresse. Mittig in die Patties eine kleine Delle drücken. Auf jeder Seite ca. 3–4 Minuten grillen.

3. Ananasscheiben abtropfen lassen und beidseitig je ca. 1–2 Minuten grillen. Gleichzeitig Innenfläche der Burgerbrötchen leicht angrillen.

4. Unterboden des Burgerbrötchens mit Mayonnaise bestreichen. Nacheinander mit Salatblatt, Pattie, Cheddar, Ananas, Zwiebel- und Tomatenscheiben belegen. Burgerdeckel auflegen.

LAMM-PAPRIKA-BURGER

Ideal: direktes Grillen

Nährwerte pro Portion: 599 kcal, 32.5 g Kohlenhydrate, 37.4 g Fett, 30.4 g Eiweiß

Zutaten für 4 Portionen:

Für die Brötchen/den Belag:

- ✓ 2 rote Paprika
- ✓ 1 Zwiebel
- ✓ 4 Burgerbrötchen
- ✓ 4 Salatblätter

Für die Patties:

- ✓ 600 g Lammhackfleisch
- ✓ 1 TL Salz
- ✓ ½ TL Pfeffer

Zubereitung:

1. Paprika in Streifen sowie Zwiebel in Ringe schneiden.

2. Patties: Hackfleisch mit Salz und Pfeffer würzen und die Masse verkneten. Vier flache Patties formen, am besten mit einer Burgerpresse. Mittig in die Patties eine kleine Delle drücken. Auf jeder Seite ca. 3–4 Minuten grillen.

3. Paprikastreifen beidseitig je ca. 3 Minuten grillen. Innenflächen der Burgerbrötchen leicht angrillen.

4. Unterseite der Burger nacheinander mit Salatblatt, Pattie, Paprika und Zwiebel belegen. Burgerdeckel auflegen.

BRAUHAUS-GULASCH AUS DEM DUTCH OVEN

Ideal: direktes und indirektes Grillen kombiniert

Nährwerte pro Portion: 695 kcal, 20 g Kohlenhydrate, 41.3 g Fett, 52 g Eiweiß

Zutaten für 4 Portionen:

- ✓ 800 g Rinderschulter
- ✓ 2 Zwiebeln
- ✓ 2 rote Paprika
- ✓ 2 TL Butterschmalz
- ✓ 5 EL Tomatenmark
- ✓ 500 ml Rinderbrühe
- ✓ 500 ml Dunkelbier
- ✓ 2 ½ EL Thymian, gerebelt
- ✓ 2 EL feines Meersalz
- ✓ 2 EL edelsüßes Paprikapulver
- ✓ evtl. etwas Gemüsebrühe
- ✓ 200 g Schmand

Zubereitung:

1. Rindfleisch in ca. 4 cm große Stücke schneiden. Zwiebeln grob hacken und Paprika in mundgerechte Stücke schneiden.

2. Sobald der Dutch Oven heiß ist, Butterschmalz darin schmelzen. Rindfleisch von allen Seiten scharf bei direkter Hitze anbraten. Tomatenmark, Zwiebeln und Paprika hinzufügen.

3. Nach ca. 3–5 Minuten alles mit Rinderbrühe und Dunkelbier ablöschen. Thymian, Salz und Paprikapulver daruntermischen. Deckel schließen und für zwei Stunden bei indirekter Hitze garen lassen.

4. Deckel öffnen. Falls zu wenig Flüssigkeit übrig ist, etwas Gemüsebrühe hinzufügen. Schmand unterheben und Deckel schließen. Für ca. 1 Stunde weiter bei niedriger Temperatur indirekt garen lassen.

SCHWEINESCHULTER AUS DEM DUTCH OVEN

Ideal: direktes Grillen

Nährwerte pro Portion: 782.3 kcal, 18.6 g Kohlenhydrate, 39.5 g Fett, 80 g Eiweiß

Zutaten für 4 Portionen:

Für die Marinade:

- ✓ 2 Knoblauchzehen
- ✓ 2 EL Chilischote, fein gehackt
- ✓ 1 EL Honig
- ✓ ½ EL Majoran, gerebelt
- ✓ 1 TL scharfes Paprikapulver
- ✓ 1 TL feines Meersalz
- ✓ 1 EL scharfer Senf
- ✓ 1 ½ EL Sonnenblumenöl

Weitere Zutaten:

- ✓ 1.5 kg Schweineschulter
- ✓ 1 kleine Zwiebel
- ✓ 1 Stange Lauch
- ✓ 3 Karotten
- ✓ 2 TL Butterschmalz
- ✓ 1 Zweig Rosmarin

- ✓ 2 Lorbeerblätter
- ✓ 375 ml dunkles Bier
- ✓ 500 ml Gemüsebrühe
- ✓ 75 ml BBQ-Sauce (Rezept s. „Saucen")

Zubereitung:

1. Marinade: Knoblauchzehen fein hacken. Mit Chili, Honig, Majoran, Paprikapulver und Salz vermischen. Mit Senf und Öl vermengen.

2. Schweineschulter mit Marinade einreiben. Abgedeckt für ca. 1 Stunde im Kühlschrank ziehen lassen. Zwiebel grob hacken. Lauch und Karotten in Scheiben schneiden.

3. Sobald der Dutch Oven heiß ist, Butterschmalz darin schmelzen. Fleisch rundherum 5 Minuten anbraten. Zwiebel, Lauch und Karotten hinzufügen und weitere 5 Minuten anbraten.

4. Rosmarinzweig und Lorbeerblätter hinzufügen und mit Bier ablöschen. Mit dem Deckel verschließen und ca. 1 ½-2 Stunden köcheln lassen. Gemüsebrühe mit BBQ-Sauce vermischen. Ab und an das Fleisch mit der Gemüsebrühe-Mischung aufgießen.

LAMMGULASCH PROVENCE AUS DEM DUTCH OVEN

Ideal: direktes und indirektes Grillen kombiniert

Nährwerte pro Portion: 826 kcal, 63 g Kohlenhydrate, 40 g Fett, 41 g Eiweiß

Zutaten für 4 (große) Portionen:

- ✓ 1 Aubergine
- ✓ etwas Salz
- ✓ 4 Knoblauchzehen
- ✓ 300 g Schalotten
- ✓ 2 Zucchini
- ✓ 2 Süßkartoffeln
- ✓ 5 Tomaten
- ✓ 5 EL Olivenöl
- ✓ 1 kg Lammgulasch
- ✓ etwas Salz und Pfeffer
- ✓ 250 ml Rotwein
- ✓ 250 ml Fleischbrühe
- ✓ 8 Zweige Thymian
- ✓ 2 Zweige Rosmarin

Zubereitung:

1. Aubergine in mundgerechte Stücke schneiden, salzen und für 20 Minuten im Küchensieb abtropfen lassen. Durch das Salz wird der Aubergine überschüssiges Wasser entzogen.

2. Knoblauch und Schalotten fein hacken. Zucchini und Süßkartoffeln in mundgerechte Stücke schneiden. Tomaten in kleine Stücke schneiden.

3. Öl im Dutch Oven erhitzen. Lammgulasch mit Schalotten im Dutch Oven bei direkter Hitze anbraten. Mit Salz und Pfeffer würzen.

4. Lammgulasch mit Rotwein und Brühe ablöschen. Topf schließen und für ca. 30 Minuten bei indirekter Hitze garen lassen.

5. Mit einem Küchentuch das Salz von den Auberginen entfernen. Aubergine, Zucchini, Kartoffeln, Tomaten, Knoblauch, Thymian und Rosmarin in den Topf geben. Für 1 weitere Stunde bei indirekter Hitze garen lassen. Kräuterzweige entfernen und servieren.

20 American BBQ-Rezepte

HOT CHICKEN-WINGS

Ideal: indirektes Grillen

Nährwerte pro Portion: 1180.3 kcal, 12.5 g Kohlenhydrate, 89 g Fett, 85 g Eiweiß

Zutaten für 4 Portionen:

Für die Marinade:

- ✓ 1 EL edelsüßes Paprikapulver
- ✓ 2 TL Salz
- ✓ 1 TL Pfeffer
- ✓ 2 EL passierte Tomaten
- ✓ 2 EL Honig
- ✓ 1 EL mittelscharfer Senf
- ✓ 3 EL Sonnenblumenöl
- ✓ 3 EL Sojasauce
- ✓ 1 EL Tabasco

Für das Fleisch:

- ✓ 2 kg Hähnchenflügel

Zubereitung:

1. Marinade: Paprikapulver mit Salz und Pfeffer vermischen. Tomaten, Honig und Senf hinzufügen und verrühren. Mit Öl, Sojasauce und Tabasco vermischen.

2. Hähnchenflügel mit Marinade einstreichen. Abgedeckt im Kühlschrank ca. 3–4 Stunden ziehen lassen.

3. Chicken Wings für ca. 30 Minuten grillen.

SÜSSE CHICKEN-WINGS

Ideal: indirektes Grillen

Nährwerte pro Portion: 1211 kcal, 32 g Kohlenhydrate, 81.7 g Fett, 85 g Eiweiß

Zutaten für 4 Portionen:

Für die Trockenmarinade:

- ✓ 2 ½ EL edelsüßes Paprikapulver
- ✓ 2 ½ EL Knoblauchpulver
- ✓ 2 TL Salz
- ✓ 1 TL Pfeffer

Für die Sauce:

- ✓ 1 Knoblauchzehe
- ✓ 6 EL BBQ-Sauce (Rezept s. „Saucen")
- ✓ 2 ½ EL Honig

Für das Fleisch:

- ✓ 2 kg Hähnchenflügel

Zubereitung:

1. Marinade: Paprika- und Knoblauchpulver mit Salz und Pfeffer vermischen.

2. Sauce: Knoblauch pressen und mit BBQ-Sauce und Honig vermischen.

3. Hähnchenflügel mit der Marinade einreiben. Abgedeckt im Kühlschrank 1 Stunde ziehen lassen.

4. Chicken Wings für ca. 30 Minuten grillen. 10 Minuten vor Grillende mit Sauce bestreichen.

ERDNUSS-CHICKEN-WINGS

Ideal: indirektes Grillen

Nährwerte pro Portion: 1201.3 kcal, 21.3 g Kohlenhydrate, 85.8 g Fett, 88.5 g Eiweiß

Zutaten für 4 Portionen:

Für die Trockenmarinade:

- ✓ 3 EL edelsüßes Paprikapulver
- ✓ 2 EL Knoblauchpulver
- ✓ 2 TL Salz
- ✓ 1 TL Pfeffer

Für die Flüssigmarinade:

- ✓ 2 EL Erdnussbutter
- ✓ 2 EL Ahornsirup
- ✓ 3 EL Wasser
- ✓ 1 TL Pfeffer

Für das Fleisch:

- ✓ 2 kg Hähnchenflügel

Zubereitung:

1. Trockenmarinade: Paprika- und Knoblauchpulver mit Salz und Pfeffer vermischen.

2. Flüssigmarinade: Erdnussbutter, Ahornsirup und Wasser in einem

Topf kurz erhitzen. Sobald eine streichfeste Masse entsteht, vom Herd nehmen und mit Pfeffer würzen.

3. Hähnchenflügel mit Trockenmarinade einreiben und abgedeckt im Kühlschrank 1 Stunde ziehen lassen.

4. Chicken Wings ca. 30 Minuten grillen. 10 Minuten vor Grillende mit Flüssigmarinade bestreichen.

GEGRILLTE CHICKEN-NUGGETS

Ideal: indirektes Grillen, bei 200 °C

Nährwerte pro Portion: 636 kcal, 69 g Kohlenhydrate, 20 g Fett, 40 g Eiweiß

Zutaten für 4 Portionen:

- ✓ 500 g Hähnchenbrustfilet
- ✓ 300 g Tortilla-Chips
- ✓ 130 g Mehl
- ✓ etwas Salz und Pfeffer
- ✓ 2 TL edelsüßes Paprikapulver
- ✓ 2 TL Knoblauchpulver
- ✓ 2 Eier
- ✓ 4 EL Milch

Zubereitung:

1. Hähnchenbrustfilet in 4 cm große Stücke schneiden. Tortilla-Chips in einen Gefrierbeutel geben. Mit einem Nudelholz darüber rollen, bis alle Chips zerbröselt sind.

2. Panieren: Drei tiefe Teller bereitstellen. Von links nach rechts auf dem ersten Teller Mehl mit Salz, Pfeffer, Paprika- und Knoblauchpulver vermischen. Auf dem zweiten Teller Eier mit Milch verquirlen. Auf den letzten Teller kommen die zerbröselten Chips.

3. Hähnchenbrustfilet-Stücke erst in Mehl wenden und dann durch die Eier-Mischung ziehen. Zum Schluss in den Chips wenden.

4. Chicken-Nuggets auf jeder Seite ca. 10 Minuten grillen.

RIND-BACON-RINGE

Ideal: direktes und indirektes Grillen kombiniert, bei 180 °C

Nährwerte pro Portion: 461.9 kcal, 23.1 g Kohlenhydrate, 23.9 g Fett, 37.3 g Eiweiß

Zutaten für 4 Portionen:

Für die Glasur:

- ✓ 4 EL BBQ-Sauce (Rezept s. „Saucen“)
- ✓ 2 EL Honig

Für das Fleisch:

- ✓ 500 g Rinderhackfleisch
- ✓ 4 EL BBQ-Rub für Rind (Rezept s. „Dips & Marinaden“)
- ✓ etwas Salz und Pfeffer
- ✓ 6 TL geriebener Käse
- ✓ 200 g Bacon (in Scheiben)
- ✓ Donutform

Zubereitung:

1. Glasur: BBQ-Sauce mit Honig vermischen.

2. Hackfleisch mit BBQ-Rub, Salz und Pfeffer würzen. Masse verkneten.

3. Jedes Feld der Donutform ca. zur Hälfte mit Hackfleisch füllen. Mulde formen und mit Käse füllen. Einzelne Felder komplett mit restlichem Hackfleisch auffüllen.

4. Donutform für ca. 10 Minuten bei indirekter Hitze auf den Grill stellen. Kurz abkühlen lassen.

5. Hackfleisch-Donuts aus der Form entfernen und mit Bacon umwickeln. Donuts auf jeder Seite für weitere 3-5 Minuten grillen. Mit Glasur bestreichen und servieren.

RINDER-FILETSTEAK

Ideal: direktes Grillen

Nährwerte pro Portion: 302.4 kcal, 10.3 g Kohlenhydrate, 8.9 g Fett, 44 g Eiweiß

Zutaten für 4 Portionen:

- ✓ 4 Stück (ca. 800 g) Rinder-Filetsteaks
- ✓ 2 EL BBQ-Rub für Rind (Rezept s. „Dips & Marinaden")
- ✓ 4 EL BBQ-Sauce (Rezept s. „Saucen")

Zubereitung:

1. Rinder-Filetsteaks mit BBQ-Rub einreiben und abgedeckt im Kühlschrank 30 Minuten ziehen lassen.

2. Filetsteaks auf jeder Seite ca. 3 Minuten grillen. In der letzten Grillminute mit BBQ-Sauce bestreichen.

3. Steaks vom Grill nehmen und vor dem Servieren ca. 5 Minuten ruhen lassen.

INGWER-BBQ-ENTRECOTE

Ideal: direktes Grillen

Nährwerte pro Portion: 737 kcal, 28.8 g Kohlenhydrate, 29.5 g Fett, 87.8 g Eiweiß

Zutaten für 4 Portionen:

Für die Sauce:

- ✓ 2 Knoblauchzehen
- ✓ 1 Zwiebel
- ✓ 20 g Ingwer
- ✓ 2 EL Sonnenblumenöl
- ✓ 1 Chilischote, fein gehackt
- ✓ 3 ½ EL Zucker
- ✓ 50 ml Rotweinessig
- ✓ 2 Lorbeerblätter
- ✓ 400 g passierte Tomaten
- ✓ 300 ml Wasser
- ✓ etwas Salz und Pfeffer

Für das Fleisch:

- ✓ 4 Stück (ca. 1.5 kg) Entrecote-Steak
- ✓ etwas Salz und Pfeffer
- ✓ 4 TL Thymian, gerebelt

Zubereitung:

1. Sauce:

a) Knoblauch, Zwiebel und Ingwer fein hacken.

b) Öl in einem Topf erhitzen. Zwiebel, Knoblauch, Ingwer und Chili ca. 5 Minuten darin anbraten. Zucker, Essig, Lorbeerblätter, Tomaten und Wasser hinzufügen. Für ca. 30 Minuten zu einer dickflüssigen Sauce einköcheln lassen.

c) Lorbeerblätter herausnehmen und die restliche Sauce pürieren. Mit Salz und Pfeffer würzen.

2. Entrecote-Steaks beidseitig mit Salz und Pfeffer würzen. Auf jeder Seite ca. 3 Minuten grillen.

3. In der letzten Grillminute Steaks mit Sauce bestreichen. Mit Thymian bestreuen und vor dem Servieren ca. 3 Minuten ruhen lassen.

WHISKY-T-BONE-STEAK

Ideal: direktes Grillen

Nährwerte pro Portion: 537 kcal, 0.6 g Kohlenhydrate, 36.7 g Fett, 49.5 g Eiweiß

Zutaten für 4 Portionen:

Für die Marinade:

- ✓ 100 ml Whisky
- ✓ 4 EL Sonnenblumenöl
- ✓ ½ EL mittelscharfer Senf
- ✓ 1 EL Rosmarin, fein gehackt
- ✓ 1 EL Pfeffer

Für das Fleisch:

- ✓ 4 Stück (ca. 1.5 kg) T-Bone-Steak
- ✓ etwas Salz

Zubereitung:

1. Marinade: Whisky mit Öl, Senf und Rosmarin verrühren. Mit Pfeffer würzen.

2. Steaks in Marinade einlegen. Über Nacht abgedeckt im Kühlschrank ziehen lassen. Dabei das Fleisch am besten 2-3 Mal wenden. Immer wieder gut abdecken!

3. Ca. 1 Stunde vor dem Grillen Steaks aus der Marinade nehmen und gut abtropfen lassen.

4. Steaks auf jeder Seite ca. 6 Minuten grillen. Mit Salz würzen. Vor dem Servieren 5 Minuten ruhen lassen.

SPARERIBS

Ideal: indirektes Grillen, bei 90° C bis 120° C

Nährwerte pro Portion: 1126.3 kcal, 12.6 g Kohlenhydrate, 63 g Fett, 131.2 g Eiweiß

Zutaten für 4 Portionen:

✓ 4 Stränge (ca. 3 kg) Spareribs

✓ 2 EL BBQ-Rub für Schwein (Rezept s. „Dips & Marinaden")

Zubereitung:

1. Spareribs mit Barbecue-Rub einreiben und über Nacht abgedeckt im Kühlschrank ziehen lassen.

2. SCHNELLE METHODE: Spareribs im Backofen bei ca. 170 °C ca. 1 Stunde vorgaren. Für ca. 1 weitere Stunde auf den Grill legen.

LANGSAME METHODE: Spareribs für 4-8 Stunden indirekt grillen. Die Grillzeit hängt stark von der Dicke der Rippchen ab. Nach ca. 4 Stunden das erste Mal prüfen, ob die Spareribs fertig sind: Spareribs mit einer Grillzange nehmen und nach oben und unten wippen. Ist das Fleisch weich und biegsam und bilden sich Risse an der Oberfläche, sind die Spareribs fertig.

SCHWEINEKOTELETT

Ideal: direktes und indirektes Grillen kombiniert

Nährwerte pro Portion: 383 kcal, 18.2 g Kohlenhydrate, 22.1 g Fett, 27 g Eiweiß

Zutaten für 4 Portionen:

Für die Sauce:

- ✓ 2 Knoblauchzehen
- ✓ 1 Zwiebel
- ✓ 1 EL Sonnenblumenöl
- ✓ 2 EL Honig
- ✓ 7 ½ EL Tomatenketchup
- ✓ 4 EL Weißweinessig
- ✓ ½ TL scharfes Paprikapulver
- ✓ 1 EL Petersilie, fein gehackt
- ✓ etwas Salz und Pfeffer

Für das Fleisch:

- ✓ 4 Stück (ca. 700 g) Schweinekoteletts
- ✓ etwas Salz und Pfeffer

Zubereitung:

1. Sauce:

a) Knoblauchzehen pressen und Zwiebel fein würfeln. In einer Pfanne Öl erhitzen und Knoblauch und Zwiebel darin glasig anschwitzen.

b) Honig, Ketchup, Essig und Paprikapulver hinzufügen. Einkochen lassen, bis die Sauce eine sirupartige Konsistenz erreicht.

c) Petersilie hinzufügen und mit Salz und Pfeffer würzen.

2. Schweinekoteletts mit Salz und Pfeffer würzen. Auf jeder Seite ca. 3 Minuten direkt angrillen. Dann in ca. 5 Minuten indirekt fertig grillen. In der letzten Grillminute mit etwas Sauce bestreichen und mit restlicher Sauce servieren.

SCHWEINENACKENSTEAK

Ideal: direktes Grillen

Nährwerte pro Portion: 540 kcal, 4 g Kohlenhydrate, 40 g Fett, 42 g Eiweiß

Zutaten für 4 Portionen:

Für die Marinade:

- ✓ 1 TL edelsüßes Paprikapulver
- ✓ 1 EL Tomatenmark
- ✓ 1 TL Worcestersauce
- ✓ ½ TL Tabasco
- ✓ ½ TL Limettensaft
- ✓ 8 EL Olivenöl

Weitere Zutaten:

- ✓ 2 Knoblauchzehen
- ✓ 2 Zwiebeln
- ✓ 4 Scheiben (ca. 800 g) Schweinenackensteaks
- ✓ 1 TL Thymian, gerebelt
- ✓ 1 TL Rosmarin, grob gehackt
- ✓ etwas Salz und Pfeffer

Zubereitung:

1. Marinade: Paprikapulver, Tomatenmark, Worcestersauce, Tabasco, Limettensaft und Öl miteinander verrühren.

2. Knoblauch fein hacken. Zwiebel in dünne Scheiben schneiden.

3. Steaks in der Marinade wenden und Knoblauch, Zwiebel, Thymian und Rosmarin darauf verteilen. Über Nacht abgedeckt im Kühlschrank ziehen lassen.

4. Steaks aus der Marinade nehmen und abtropfen lassen. Marinade beiseitestellen. Steaks mit Salz und Pfeffer würzen. Auf dem vorgeheizten Grill auf jeder Seite ca. 5 bis 6 Minuten grillen. Dabei ab und an mit Marinade bestreichen.

FRUCHTIGE ERDNUSS BACK-RIBS

Ideal: indirektes Grillen, 120 °C - 150 °C

Nährwerte pro Portion: 1538.5 kcal, 82.3 g Kohlenhydrate, 80 g Fett, 121.3 g Eiweiß

Zutaten für 4 Portionen:

Für die Trockenmarinade:

✓ 2 EL Chilipulver

✓ 2 EL edelsüßes Paprikapulver

✓ 2 EL brauner Zucker

✓ 1 EL Zwiebelgranulat

✓ 1 EL grobes Meersalz

✓ 1 EL Pfeffer

Für die Glasur:

✓ 300 g Himbeer-Konfitüre

✓ 120 ml Apfelsaft

✓ 2 EL Aceto-Balsamico

Für die Sauce:

✓ 220 g Erdnussbutter

✓ 200 ml Apfelsaft

✓ 2 EL Apfelessig

Für das Fleisch:

✓ 2 Stück (ca. 2 kg) Baby Back Ribs (Schweinekotelett-Rippchen vom Rücken)

✓ Smoker-Box

Zubereitung:

1. Trockenmarinade: Alle Gewürze miteinander vermischen.

2. Glasur: Alle Zutaten in einem Topf vermischen, erhitzen und 4 Minuten einkochen lassen.

3. Sauce: In einem Topf Erdnussbutter, 120 ml Apfelsaft und Essig vermischen. Bei mittlerer Hitze unter ständigem Rühren ca. 2 Minuten glatt rühren.

4. Back Ribs mit Trockenmarinade einreiben und bei Raumtemperatur 30 Minuten ziehen lassen. Smoker-Box vorbereiten. Sobald die Holzchips räuchern, Back Ribs für ca. 2,5 Stunden grillen. Anschließend beidseitig mit Glasur bestreichen und weitere 30 Minuten grillen. Ein Rib zur Probe mit der Grillzange an einem Ende nach oben heben – biegt es sich in der Mitte so stark, dass das Fleisch einreißt, ist es fertig. Sauce mit 80 ml Saft erhitzen und mit Back Ribs servieren.

KLASSISCHER CHEESEBURGER

Ideal: direktes Grillen

Nährwerte pro Portion: 531 kcal, 31 g Kohlenhydrate, 29 g Fett, 37 g Eiweiß

Zutaten für 4 Portionen:

Für die Brötchen/den Belag:

- ✓ 1 Zwiebel
- ✓ 2 Gewürzgurken
- ✓ 2 Tomaten
- ✓ 4 Burgerbrötchen
- ✓ 4 Salatblätter
- ✓ 4 Scheiben Cheddar

Für die Patties:

- ✓ 500 g Rinderhackfleisch
- ✓ 1 TL Salz
- ✓ ½ TL Pfeffer

Zubereitung:

1. Zwiebel, Gurken und Tomaten in Scheiben schneiden.

2. Patties: Hackfleisch mit Salz und Pfeffer würzen und die Masse verkneten. Vier flache Patties formen, am besten mit einer Burgerpresse. Mittig in die Patties eine kleine Delle drücken.

Beidseitig für je 3–4 Minuten grillen.

3. Innenflächen der Burgerbrötchen leicht angrillen. Nacheinander mit Salatblatt, Pattie, Cheddar, Zwiebel-, Gurken- und Tomatenscheiben belegen. Burgerdeckel auflegen.

XXL BURGER

Ideal: direktes Grillen

Nährwerte pro Portion: 949.7 kcal, 36.5 g Kohlenhydrate, 56.9 g Fett, 72 g Eiweiß

Zutaten für 4 Portionen:

Für die Brötchen/den Belag:

- ✓ 1 Zwiebel
- ✓ 1 Tomate
- ✓ 8 Scheiben Bacon
- ✓ 4 Burgerbrötchen
- ✓ 4 EL BBQ-Sauce (Rezept s. „Saucen")
- ✓ 8 Salatblätter
- ✓ 8 Scheiben Cheddar

Für die Patties:

- ✓ 1 k g Rinderhackfleisch
- ✓ 2 TL Salz
- ✓ 1 TL Pfeffer

Zubereitung:

1. Zwiebel und Tomate in Scheiben schneiden.

2. Patties: Hackfleisch mit Salz und Pfeffer würzen und die Masse verkneten. Acht flache Patties formen, am besten mit einer

Burgerpresse. Mittig in die Patties eine kleine Delle drücken.

3. Patties beidseitig je 3–4 Minuten grillen, Bacon beidseitig je ca. 1–2 Minuten grillen. Innenflächen der Burgerbrötchen ebenfalls angrillen.

4. Unterboden der Burgerbrötchen mit Sauce bestreichen. Nacheinander mit Salatblatt, Zwiebelscheiben, Pattie, Cheddar, Bacon und Tomatenscheiben belegen. Burgerdeckel auflegen.

BIG-BACON-BURGER

Ideal: direktes Grillen

Nährwerte pro Portion: 764.2 kcal, 35.7 g Kohlenhydrate, 47.6g Fett, 47.3 g Eiweiß

Zutaten für 4 Portionen:

Für die Brötchen/den Belag:

- ✓ 2 Zwiebeln
- ✓ 2 EL Sonnenblumenöl
- ✓ 8 Scheiben Bacon
- ✓ 2 EL Butter
- ✓ 4 Eier
- ✓ 4 Burgerbrötchen
- ✓ 4 EL BBQ-Sauce (Rezept s. „Saucen")
- ✓ 4 Salatblätter
- ✓ 4 Scheiben Cheddar

Für die Patties:

- ✓ 500 g Rinderhackfleisch
- ✓ 1 TL Salz
- ✓ ½ TL Pfeffer

Zubereitung:

1. Zwiebeln in Ringe schneiden. Öl in einer Pfanne erhitzen und Zwiebeln darin goldbraun rösten.

2. Patties: Hackfleisch mit Salz und Pfeffer würzen und die Masse verkneten. Vier flache Patties formen, am besten mit einer Burgerpresse. Mittig in die Patties eine kleine Delle drücken.

3. Patties beidseitig je 3–4 Minuten grillen, Bacon beidseitig je ca. 1–2 Minuten grillen.

4. Butter in einer Pfanne erhitzen und Spiegeleier herausbraten. Innenflächen der Burgerbrötchen angrillen.

5. Unterboden des Burgerbrötchens mit Sauce bestreichen. Nacheinander mit Spiegelei, Salatblatt, Bacon, Pattie, Cheddar und Röstzwiebeln belegen. Burgerdeckel auflegen.

PULLED-PORK-BURGER

Ideal: indirektes Grillen, bei 120 °C

Nährwerte pro Portion: 965 kcal, 38.5 g Kohlenhydrate, 54 g Fett, 80 g Eiweiß

Zutaten für 4 Portionen:

- ✓ 1,5 kg Schweinenacken
- ✓ 4 EL BBQ-Rub für Schwein (Rezept s. „Marinaden")
- ✓ 4 Burgerbrötchen
- ✓ 4 EL BBQ-Sauce

- ✓ Smoker-Box
- ✓ Grillthermometer

Zubereitung:

1. Schweinenacken mit BBQ-Rub einreiben. In Frischhaltefolie fest verschließen und 24 Stunden im Kühlschrank ziehen lassen.

2. Smoker-Box in den Grill legen. Schweinenacken für ca. 15–18 Stunden grillen. Regelmäßig Kerntemperatur messen, bei 90 °C – 95 °C ist das Fleisch fertig. Wichtig: Man kann nahezu widerstandslos in das Fleisch einstechen. Fleisch dick in Alufolie einpacken und in einer Kühlbox für ca. 1-2 Stunden ruhen lassen.

TIPP: Am besten eine Wärmflasche dazu legen.

3. Mit zwei Gabeln das Fleisch zerrupfen. Innenflächen der Burgerbrötchen angrillen (ggf. kurz in einer Pfanne erhitzen).

4. Burgerbrötchen mit Fleisch und je 1 EL BBQ-Sauce füllen.

PULLED CHICKEN TACOS AUS DEM DUTCH OVEN

Ideal: direktes und indirektes Grillen kombiniert

Nährwerte pro Portion: 565.5 kcal, 72 g Kohlenhydrate, 8.5 g Fett, 47.8 g Eiweiß

Zutaten für 4 Portionen:

- ✓ 600 g Hähnchenbrustfilet
- ✓ 1 EL BBQ-Rub für Geflügel (Rezept s. „Marinaden“)
- ✓ 1 Knoblauchzehe
- ✓ 1 kleine Zwiebel
- ✓ 10 g Ingwer
- ✓ je ½ rote und gelbe Paprika
- ✓ ½ Bund Frühlingszwiebeln
- ✓ 2 EL Olivenöl
- ✓ 1 EL Tomatenmark
- ✓ 1 Chilischote, fein gehackt
- ✓ 250 g passierte Tomaten
- ✓ 200 g stückige Tomaten (ohne Haut)
- ✓ 2 ½ EL BBQ-Sauce (Rezept s. „Saucen“)
- ✓ etwas Salz und Zucker
- ✓ 4 Tacos

Zubereitung:

1. Hähnchenbrustfilet mit BBQ-Rub einreiben. Knoblauchzehe und Zwiebel fein hacken. Ingwer reiben. Paprika in mundgerechte Stücke sowie Frühlingszwiebeln in Ringe schneiden.

2. Olivenöl im Dutch Oven erhitzen. Hähnchenbrustfilet beidseitig bei direkter Hitze kurz anbraten und dann aus dem Dutch Oven nehmen.

3. Zwiebel, Knoblauch, Ingwer, Tomatenmark und Chili im Dutch Oven bei direkter Hitze anschwitzen. Tomaten, BBQ-Sauce, Salz und Zucker hinzufügen. Hähnchenbrustfilets wieder in den Dutch Oven geben und mit etwas Sauce bedecken. Deckel verschließen und für ca. 90 Minuten bei indirekter Hitze garen lassen.

4. Paprika und Zwiebel hinzufügen. Für 30 Minuten bei indirekter Hitze garen lassen.

5. Hähnchenbrustfilets aus dem Dutch Oven nehmen und mit zwei Gabeln auseinanderzupfen. Fleisch mit Sauce vermischen und auf vier Tacos verteilen.

SCHICHTFLEISCH AUS DEM DUTCH OVEN

Ideal: indirektes Grillen

Nährwerte pro Portion: 1187.5 kcal, 53 g Kohlenhydrate, 62 g Fett, 100 g Eiweiß

Zutaten für 4 Portionen:

- ✓ 1.5 kg Schweinenacken
- ✓ 3 Zwiebeln
- ✓ 3 große, festkochende Kartoffeln
- ✓ je 1 rote, grüne und gelbe Paprika
- ✓ 5 EL BBQ-Trockenmarinade (Rezept s. „Dips & Marinaden")
- ✓ 400 g Bacon (in Scheiben)
- ✓ 150 ml BBQ-Sauce (Rezept s. „Saucen")

Zubereitung:

1. Schweinenacken in ca. 2 cm dicke Scheiben schneiden. Zwiebeln und Kartoffeln in Scheiben schneiden. Paprika in mundgerechte Stücke schneiden.

2. Fleischstücke mit BBQ-Trockenmarinade rundherum würzen.

3. Boden des Dutch Oven mit Bacon auslegen. Den restlichen Bacon senkrecht an der Wand des Dutch Oven entlang hochlegen.

4. Abwechselnd Fleisch, Kartoffelscheiben, Zwiebelscheiben und Paprikastücke im Topf schichten.

5. Nach der letzten Schicht den am Rand hochgelegten Bacon umklappen und BBQ-Sauce darauf verteilen.

6. Für ca. 2 ½-3 Stunden auf dem Grill garen lassen.

BBQ-GEMÜSE

Ideal: indirektes Grillen

Nährwerte pro Portion: 154.2 kcal, 23.4 g Kohlenhydrate, 1.7 g Fett, 8.6 g Eiweiß

Zutaten für 4 Portionen:

- ✓ 2 Knoblauchzehen
- ✓ 2 rote Zwiebeln
- ✓ 3 Zucchini
- ✓ 2 gelbe Paprika
- ✓ 2 rote Paprika
- ✓ 500 g Champignons
- ✓ 6 EL BBQ-Sauce (Rezept s. „Saucen")
- ✓ Grillkorb
- ✓ Alufolie
- ✓ evtl. Smoker-Box

Zubereitung:

1. Knoblauchzehen ganz lassen. Restliches Gemüse in mundgerechte Stücke schneiden.

2. Gemüse mit BBQ-Sauce vermischen. Abgedeckt im Kühlschrank 3-4 Stunden ziehen lassen.

3. Grillkorb mit Alufolie auslegen. Gemüsemischung in den Korb füllen. Für ca. 20-30 Minuten grillen, dabei mehrmals wenden.

TIPP: Mit der Verwendung der Smoker-Box bekommt das Gemüse einen besonderen Geschmack.

GEGRILLTER MAIS

Ideal: direktes und indirektes Grillen kombiniert

Nährwerte pro Portion: 719.8 kcal, 97.5 g Kohlenhydrate, 30.8 g Fett, 13 g Eiweiß

Zutaten für 4 Portionen als Vorspeise/Beilage:

- ✓ 1 Knoblauchzehe
- ✓ 8 EL weiche Butter
- ✓ 1 Spritzer Zitronensaft
- ✓ etwas Salz und Pfeffer
- ✓ 4 Maiskolben, nicht vorgekocht

Zubereitung:

1. Knoblauchzehe fein hacken und mit Butter und Zitronensaft vermischen. Mit Salz und Pfeffer würzen.

2. Je 1 EL der Knoblauch-Butter-Mischung auf einen Maiskolben geben. Maiskolben fest in Alufolie verpacken und für ca. 20-25 Minuten indirekt grillen.

3. Die restliche Butter erwärmen. Maiskolben aus der Alufolie entfernen und 10 Minuten rundherum direkt grillen. Währenddessen mehrmals mit Butter bestreichen.

TIPPS: Als Hauptspeise einfach die 2- bis 3-fache Menge verwenden. Bei vorgekochtem Mais fällt der erste Grillschritt weg, er wird lediglich 10 Minuten direkt gegrillt.

15 Vegetarische & vegane Gerichte

GEFÜLLTE PAPRIKA

Ideal: indirektes Grillen

Nährwerte pro Portion: 395.3 kcal, 23.8 g Kohlenhydrate, 28.3 g Fett, 11.3 g Eiweiß

Zutaten für 4 Portionen:

- ✓ 4 rote Paprika
- ✓ 100 g Champignons
- ✓ 150 g Feta
- ✓ 1 Zitrone
- ✓ 1 EL Butter
- ✓ etwas Salz und Pfeffer
- ✓ 150 ml Gemüsebrühe
- ✓ 125 g Instant Couscous
- ✓ 1 EL Chilischote, fein gehackt
- ✓ 4 EL Petersilie, fein gehackt
- ✓ 3 EL Olivenöl
- ✓ etwas Salz und Pfeffer
- ✓ Grillkorb

Zubereitung:

1. Deckel der Paprika abschneiden und das Kerngehäuse entfernen. Champignons in Scheiben schneiden. Feta mit der Hand zerbröseln.

Zitrone auspressen.

2. Butter in einer Pfanne schmelzen und Champignons darin ca. 3 Minuten anbraten. Vom Herd nehmen und mit Salz und Pfeffer würzen. Gleichzeitig Brühe aufkochen und über den Couscous gießen. Für 5 Minuten quellen lassen.

3. Couscous mit Champignons, Feta, Chili, Petersilie, Öl und Zitronensaft vermischen. Mit Salz und Pfeffer würzen.

4. Paprika mit Couscous-Mischung füllen. Deckel der Paprika daraufsetzen. In den Grillkorb stellen und für ca. 15 Minuten grillen.

RUCOLA-SPARGEL MIT BURRATA

Ideal: direktes Grillen

Nährwerte pro Portion: 605 kcal, 15 g Kohlenhydrate, 51 g Fett, 23 g Eiweiß

Zutaten für 4 Portionen:

Für das Dressing:

- ✓ 2 Schalotten
- ✓ 2 TL mittelscharfer Senf
- ✓ 2 EL Apfelessig
- ✓ 6 EL Johannisbeersaft
- ✓ etwas Salz und Pfeffer
- ✓ ½ EL Olivenöl
- ✓ 200 ml Wasser

Für den Spargel:

- ✓ 6 Tomaten
- ✓ 2 unbehandelte Limetten
- ✓ 1 kg grüner Spargel
- ✓ 4 EL Olivenöl,
- ✓ etwas Salz, Pfeffer und Zucker
- ✓ 100 g Rucola
- ✓ 4 Burrata (je ca. 100 g)
- ✓ Grillschale

Zubereitung:

1. Dressing: Schalotten fein würfeln und mit Senf, Essig und Johannisbeersaft vermischen. Mit Salz und Pfeffer würzen und langsam Öl unterrühren. Mit 200 ml Wasser verrühren.

2. Tomaten in mundgerechte Stücke schneiden. Limettenschale abreiben.

3. Spargel mit Öl bestreichen und mit Salz, Pfeffer und Zucker würzen. In Grillschale legen und ca. 15 Minuten lang grillen. Nach der Hälfte der Grillzeit Spargel wenden.

4. Burrata neben dem Spargel auf einem Teller anrichten und mit der Hälfte des Dressings beträufeln. Rucola und Tomaten auf dem Spargel verteilen. Das restliche Dressing darüber gießen und Limettenschale darauf verteilen.

FETA-ZUCCHINI-PÄCKCHEN

Ideal: direktes Grillen

Nährwerte pro Portion: 341.8 kcal, 2 g Kohlenhydrate, 29 g Fett, 18.3 g Eiweiß

Zutaten für 4 Portionen:

Für die Marinade:

- ✓ 1 Knoblauchzehe
- ✓ 1 TL Rosmarin, fein gehackt
- ✓ 1 TL Thymian, gerebelt
- ✓ 1 TL Oregano, gerebelt
- ✓ 2 EL Olivenöl

Für den Feta:

- ✓ 400 g Feta
- ✓ 2 Zucchini
- ✓ 2 EL Olivenöl
- ✓ etwas Salz und Pfeffer

Zubereitung:

1. Marinade: Knoblauch pressen und mit Rosmarin, Thymian, Oregano und Öl mischen.

2. Feta in 4 gleich große Stücke schneiden. Mit Marinade einstreichen und abgedeckt bei Zimmertemperatur 1 Stunde ziehen lassen.

3. Zucchini in dünne Scheiben schneiden. Je 3-4 Scheiben überlappend nebeneinanderlegen. Je ein Stück Feta drauflegen. Zucchini umklappen und wie ein Päckchen verschließen.

4. Päckchen mit Öl bestreichen und für ca. 1-2 Minuten grillen. Vor dem Servieren mit Salz und Pfeffer würzen.

HALLOUMI-BURGER

Ideal: direktes Grillen

Nährwerte pro Portion: 803.3 kcal, 9 g Kohlenhydrate, 69.1 g Fett, 37.6 g Eiweiß

Zutaten für 4 Portionen:

Für die Paprika-Mayonnaise:

- ✓ 4 EL Mayonnaise
- ✓ 2 TL edelsüßes Paprikapulver

Für die Marinade:

- ✓ ½ Zitrone
- ✓ 3 EL Olivenöl
- ✓ etwas Salz und Pfeffer

Für den Belag/das Burgerbrötchen:

- ✓ 1 rote Paprika
- ✓ 1 gelbe Paprika
- ✓ 1 Zucchini
- ✓ 1 EL Olivenöl
- ✓ 4 Scheiben (ca. 500 g) Halloumi
- ✓ etwas Salz und Pfeffer
- ✓ 50 g Rucola

Zubereitung:

1. Mayonnaise: Mayonnaise mit Paprikapulver vermischen.

2. Marinade: Zitrone auspressen. Saft mit Öl vermischen und mit Salz und Pfeffer würzen.

3. Paprika in Streifen, Zucchini in Scheiben schneiden.

4. Paprika und Zucchini mit Öl einstreichen. Für 4 Minuten grillen, dabei wenden. Vom Grill nehmen und in Marinade einlegen.

5. Halloumi auf jeder Seite ca. 5 Minuten grillen, danach mit Salz und Pfeffer würzen. Innenflächen der Burgerbrötchen kurz auf dem Grill anrösten.

6. Unterseite der Burgerbrötchen mit Mayonnaise bestreichen. Nacheinander mit Rucola, Halloumi, Zucchini und Paprika belegen. Burgerdeckel auflegen.

GRILLGEMÜSE-BURGER

Ideal: direktes Grillen

Nährwerte pro Portion: 474 kcal, 30 g Kohlenhydrate, 33 g Fett, 11 g Eiweiß

Zutaten für 4 Portionen:

Für die Frischkäse-Creme:

- ✓ 150 g Frischkäse
- ✓ 3 EL Milch
- ✓ 2 TL körniger Senf

Für den Belag/das Burgerbrötchen:

- ✓ 2 ½ Zucchini
- ✓ 2 rote Paprika
- ✓ 2 gelbe Paprika
- ✓ 4 EL Olivenöl
- ✓ etwas Salz und Pfeffer
- ✓ 4 Burgerbrötchen
- ✓ 50 g Rucola

Zubereitung:

1. Creme: Frischkäse mit Milch und Senf vermischen.

2. Zucchini in dünne Scheiben, Paprika in dünne Streifen schneiden. Beides mit Öl bestreichen.

3. Zucchini und Paprika für 4 Minuten grillen, dabei wenden. Mit Salz und Pfeffer würzen.

4. Innenflächen der Burgerbrötchen kurz auf dem Grill anrösten.

5. Unterseite der Burgerbrötchen mit Creme bestreichen. Nacheinander mit Rucola, Zucchini und Paprika belegen. Burgerdeckel auflegen.

TIPP: Anstatt Zucchini mit Aubergine ausprobieren.

PARMESAN-GEMÜSE AUS DEM DUTCH OVEN

Ideal: indirektes Grillen

Nährwerte pro Portion: 504.3 kcal, 51.8 g Kohlenhydrate, 27.8 g Fett, 10.8 g Eiweiß

Zutaten für 4 Portionen:

- ✓ 800 g Kartoffeln
- ✓ etwas Salz
- ✓ 3 Knoblauchzehen
- ✓ 2 Zwiebeln
- ✓ 2 rote Paprika
- ✓ 1 gelbe Paprika
- ✓ 2 Zucchini
- ✓ 3 Tomaten
- ✓ 10 EL Olivenöl
- ✓ 1 EL Basilikum, fein gehackt
- ✓ etwas Salz und Pfeffer
- ✓ 4 EL Semmelbrösel
- ✓ 4 EL Parmesan
- ✓ 1 EL Petersilie, fein gehackt
- ✓ 1 EL Rosmarin, fein gehackt

Zubereitung:

1. Kartoffeln in grobe Stücke schneiden und 5 Minuten in Salzwasser vorkochen.

2. Knoblauch in Scheiben schneiden, Zwiebeln grob hacken. Paprika, Zucchini und Tomaten in mundgerechte Stücke schneiden.

3. Gemüse in eine Schüssel geben. Mit Öl und Basilikum vermischen. Mit Salz und Pfeffer würzen. Abgedeckt bei Zimmertemperatur 30 Minuten ziehen lassen.

4. Dutch Oven mit Gemüse füllen. Deckel auflegen und ca. 40-45 Minuten kochen.

5. Semmelbrösel, Parmesan, Petersilie und Rosmarin vermischen. Auf dem Gemüse verteilen und weitere 20-25 Minuten fertig kochen.

KARTOFFELGRATIN AUS DEM DUTCH OVEN

Ideal: indirektes Grillen

Nährwerte pro Portion: 663 kcal, 52.3 g Kohlenhydrate, 42.5 g Fett, 17.3 g Eiweiß

Zutaten für 4 Portionen:

Für die Kartoffeln:

- ✓ 1.2 kg Kartoffeln
- ✓ 2 Zwiebeln
- ✓ 3 EL Butter
- ✓ 1 EL Muskatnuss, frisch gerieben
- ✓ 100 g Emmentaler, gerieben

Für die Sauce:

- ✓ 300 ml Sahne
- ✓ 150 ml Milch
- ✓ etwas Salz, Pfeffer und Muskatnuss

Zubereitung:

1. Kartoffeln in sehr dünne Scheiben schneiden, am besten einen Gemüsehobel verwenden. Zwiebeln in Scheiben schneiden und mit 1 EL Butter in einer Pfanne kurz anbraten.

2. Dutch Oven mit restlicher Butter einreiben. Kartoffeln im Dutch Oven schichten. Dabei jede Schicht mit etwas Muskat würzen.

3. Sauce: Sahne und Milch in einem Topf mit Salz, Pfeffer und Muskat würzen. Kurz aufkochen.

4. Sauce noch warm über die geschichteten Kartoffeln gießen. Zwiebeln und zum Schluss Emmentaler darauf verteilen.

GEGRILLTE AVOCADO MIT FRISCHER TOMATEN-FÜLLUNG

Ideal: direktes Grillen

Nährwerte pro Portion: 166.8 kcal, 6.3 g Kohlenhydrate, 15.3 g Fett, 1.8 g Eiweiß

Zutaten für 4 Portionen:

Für die Füllung:

- ✓ 1 Frühlingszwiebel
- ✓ 1 Tomate
- ✓ ½ Zitrone
- ✓ 1 EL Olivenöl
- ✓ 1 EL Chilischote, fein gehackt
- ✓ 1 EL frischer Koriander, fein gehackt
- ✓ etwas Salz

Weitere Zutaten:

- ✓ 2 Avocados
- ✓ 1 EL Olivenöl

Zubereitung:

1. Füllung: Frühlingszwiebel in Ringe schneiden. Tomate in kleine Würfel schneiden. Zitrone auspressen. Frühlingszwiebel, Tomate, Zitronensaft und Öl in einer Schüssel vermischen.

Chili und Koriander hinzufügen und mit Salz würzen.

2. Avocados halbieren und jeweils den Kern entfernen. Mit Öl bestreichen und auf jeder Seite für ca. 8-10 Minuten grillen.

3. Avocado-Hälften mit der Tomaten-Mischung füllen.

TIPP: Der Füllung kann 50 g gehackter Feta hinzugefügt werden.

GRILLKARTOFFEL VEGAN

Ideal: indirektes Grillen

Nährwerte pro Portion: 546 kcal, 44 g Kohlenhydrate, 36 g Fett, 11.3 g Eiweiß

Zutaten für 4 Portionen:

Für vegane saure Sahne:

- ✓ 150 g Cashewkerne
- ✓ ½ Zitrone
- ✓ 1 TL Apfelessig
- ✓ ½ TL Knoblauchpulver
- ✓ etwas Salz
- ✓ 120 ml Wasser

Für die Kartoffeln:

- ✓ 4 sehr große oder 8 große Kartoffeln, mehlig
- ✓ 8 EL Olivenöl
- ✓ 4 EL Petersilie, fein gehackt
- ✓ etwas Salz und Pfeffer
- ✓ Alufolie

Zubereitung:

1. Vegane saure Sahne: Cashewkerne für mindestens 3-4 Stunden, am besten über Nacht, in Wasser einweichen.

Abgießen und mit klarem Wasser abspülen.

2. Zitrone auspressen. Zitronensaft mit Cashewkernen, Apfelessig, Knoblauchpulver, Salz und Wasser in einem Mixer pürieren. Bis zur Verwendung luftdicht verschlossen im Kühlschrank lagern (hält so ca. 1 Woche).

3. Von der Alufolie 4 bzw. 8 Quadrate reißen, die groß genug sind, um je eine Kartoffel vollständig einzupacken. Mit Öl bestreichen.

4. Kartoffeln ringsum mehrmals mit einer Gabel anstechen sowie mit Salz und Pfeffer würzen und fest in Alufolie einpacken. Anschließend für ca. 60-90 Minuten grillen.

5. Kartoffeln vom Grill nehmen. Alufolienpäckchen ein wenig öffnen. Kartoffeln einschneiden und mit saurer Sahne füllen. Mit Petersilie bestreuen und servieren.

VEGANE GRILLPÄCKCHEN

Ideal: direktes und indirektes Grillen kombiniert

Nährwerte pro Portion: 382 kcal, 10.3 g Kohlenhydrate, 27.3 g Fett, 23.4 g Eiweiß

Zutaten für 4 Portionen:

- ✓ 2 Auberginen
- ✓ etwas Salz
- ✓ 500 g Räuchertofu
- ✓ 2 EL Ajvar
- ✓ 20 getrocknete Tomaten
- ✓ 6 EL Olivenöl
- ✓ etwas Pfeffer

Zubereitung:

1. Auberginen längs in insgesamt 20 Scheiben schneiden, salzen und für ca. 20 Minuten im Küchensieb abtropfen lassen. Durch das Salz wird der Aubergine überschüssiges Wasser entzogen.

2. Räuchertofu in 20 Stücke schneiden und mit Ajvar bestreichen. Tomaten abtropfen lassen.

3. Auberginenscheiben mit Küchentuch trocken tupfen, mit Öl einstreichen und mit Pfeffer würzen. Für ca. 5-10 Minuten direkt grillen.

4. Auberginen vom Grill nehmen und je ein Stück Tofu und eine getrocknete Tomate darauflegen. Auberginenscheiben wie Päckchen zusammenlegen und mit Spießen fixieren. Nochmals für ca. 5 Minuten indirekt grillen, dabei wenden.

MEDITERRANES GRILLGEMÜSE

Ideal: indirektes Grillen

Nährwerte pro Portion: 229.5 kcal, 15.5 g Kohlenhydrate, 16.3 g Fett, 5 g Eiweiß

Zutaten für 4 Portionen:

- ✓ 1 Aubergine
- ✓ etwas Salz
- ✓ 1 Knoblauchzehe
- ✓ 2 Zucchini
- ✓ 2 rote Zwiebeln
- ✓ 2 rote Paprika
- ✓ 2 gelbe Paprika
- ✓ 6 EL Olivenöl
- ✓ 1 EL Thymian, gerebelt
- ✓ 1 EL Rosmarin, gerebelt
- ✓ 1 EL Oregano, gerebelt
- ✓ etwas Pfeffer
- ✓ Grillkorb

Zubereitung:

1. Aubergine in Scheiben schneiden, salzen und für ca. 20 Minuten im Küchensieb abtropfen lassen.

Durch das Salz wird der Aubergine überschüssiges Wasser entzogen.

2. Knoblauch fein hacken. Zucchini und Zwiebeln in Scheiben, Paprika in grobe Streifen schneiden.

3. Gemüse in eine Schüssel geben und mit Öl, Thymian, Rosmarin und Oregano vermischen. Mit Salz und Pfeffer würzen. Abgedeckt bei Zimmertemperatur 30 Minuten ziehen lassen.

4. Gemüse in Grillkorb geben und ca. 20-30 Minuten grillen.

FEINE GEMÜSESPIESSE

Ideal: direktes und indirektes Grillen kombiniert

Nährwerte pro Portion: 152.3 kcal, 10 g Kohlenhydrate, 11 g Fett, 3.5 g Eiweiß

Zutaten für 4 Portionen als Vorspeise oder Beilage:

Für die Marinade:

- ✓ 1 Knoblauchzehe
- ✓ 1 EL Rosmarin, fein gehackt
- ✓ 1 EL Thymian, gerebelt
- ✓ 4 EL Olivenöl

Für das Gemüse:

- ✓ 1 Aubergine
- ✓ etwas Salz
- ✓ 1 Zucchini
- ✓ 1 rote Paprika
- ✓ 1 gelbe Paprika
- ✓ etwas Pfeffer
- ✓ 250 g Datteltomaten
- ✓ Grillspieße

Zubereitung:

1. Marinade: Knoblauch pressen und mit Rosmarin, Thymian und Öl vermischen.

2. Aubergine in Scheiben schneiden, salzen und für ca. 20 Minuten im Küchensieb abtropfen lassen. Durch das Salz wird der Aubergine überschüssiges Wasser entzogen.

3. Zucchini in Scheiben, Paprika in mundgerechte Stücke schneiden.

4. Auberginen- und Zucchinischeiben mit der Marinade bestreichen. Kurz ziehen lassen. Scheiben auf jeder Seite ca. 2 Minuten direkt grillen.

5. Scheiben vom Grill nehmen und mit Salz und Pfeffer würzen. Je eine Auberginenscheibe auf eine Zucchinischeibe legen und kleine Röllchen formen. Grillspieße abwechselnd mit Röllchen, Paprika und Tomaten bestücken.

6. Für ca. 4-5 Minuten indirekt fertig grillen, dabei mehrmals wenden.

TIPP: Als Variation einfach Tofu-Stücke zwischen das Gemüse spießen. Damit wird es zur Hauptspeise!

VEGANE HACK-SPIESSE

Ideal: direktes Grillen

Nährwerte pro Portion: 294.3 kcal, 7.3 g Kohlenhydrate, 18.1 g Fett, 22.9 g Eiweiß

Zutaten für 4 Portionen:

- ✓ 2 Knoblauchzehen
- ✓ 1 Zwiebel
- ✓ 500 g veganes Hack
- ✓ 4 TL Minze, fein gehackt
- ✓ etwas Salz
- ✓ Grillspieße

Zubereitung:

1. Knoblauch pressen und Zwiebel fein hacken. Veganes Hack mit Knoblauch, Zwiebel und Minze vermischen und mit Salz würzen.

2. Hack fest an die Spieße drücken und für ca. 8–9 Minuten grillen, dabei mehrmals wenden.

TIPP: Anstatt der Minze 1 ½ TL Rosmarin und 1 ½ TL Oregano (alle Kräuter fein gehackt) verwenden. Sehr gut mit gegrillten Gemüse-Spießen kombinierbar.

VEGANER BOHNENBURGER

Nährwerte pro Portion: 525 kcal, 75.5 g Kohlenhydrate, 14.2 g Fett, 16.8 g Eiweiß

Zutaten für 4 Portionen:

Für die Bohnenpatties:

- ✓ 250 g Kidneybohnen (gekocht oder aus der Dose)
- ✓ 1 Knoblauchzehe
- ✓ 2 Zwiebeln
- ✓ 4 getrocknete Tomaten
- ✓ 5 EL Olivenöl
- ✓ 1 Messerspitze Zimt
- ✓ 1 Handvoll Basilikumblätter
- ✓ 100 g Paniermehl
- ✓ etwas Salz und Pfeffer

Für die Brötchen/den Belag:

- ✓ 2 Tomaten
- ✓ 1 kleine Zwiebel
- ✓ 1 kleine Salatgurke
- ✓ 4 vegane Burgerbrötchen
- ✓ nach Belieben: Ketchup
- ✓ 4 Salatblätter

Zubereitung:

1. Bohnenpatties: Bohnen in einem Sieb abtropfen lassen. Knoblauch pressen. Zwiebeln und getrocknete Tomaten klein würfeln. Bohnen, Knoblauch, 3 EL Olivenöl, Zimt und Basilikumblätter fein pürieren. Zwiebeln und Paniermehl hinzufügen. Die Masse mit Salz und Pfeffer abschmecken. Vier flache Patties, am besten mit einer Burgerpresse, formen und beidseitig mit Öl bestreichen.

2. Belag: Tomaten, Zwiebel und Gurke in Scheiben schneiden.

3. Auf dem vorbereiteten Grill bei mittlerer Hitze die Bohnenpatties von jeder Seite ca. 5 Minuten grillen. Vorsichtig wenden!

4. Innenflächen der Burgerbrötchen kurz auf dem Grill anrösten. Eventuell mit Ketchup bestreichen. Nacheinander mit Salatblatt, Bohnenpattie, Zwiebel-, Tomaten- und Gurkenscheiben belegen. Burgerdeckel auflegen.

SCHARFER TOFU-BURGER

Ideal: direktes Grillen

Nährwerte pro Portion: 383 kcal, 49.1 g Kohlenhydrate, 8.9 g Fett, 23 g Eiweiß

Zutaten für 4 Portionen:

Für den Tofu:

- ✓ 400 g Tofu
- ✓ 1 EL Olivenöl
- ✓ 4 EL Chilischote, frisch gehackt
- ✓ etwas Salz und Pfeffer

Für die Brötchen/den Belag:

- ✓ 1 kleine rote Paprika
- ✓ 1 ½ Zwiebel
- ✓ 4 vegane Burgerbrötchen
- ✓ 4 TL mittelscharfer Senf
- ✓ 4 Salatblätter

Zubereitung:

1. Tofu in vier gleich große Stücke, Paprika in Streifen schneiden. Zwiebeln in Ringe schneiden.

2. Tofu mit Öl einstreichen und mit Chili, Salz und Pfeffer würzen.

3. Tofu auf jeder Seite für 5 Minuten grillen. Paprikastreifen für 3

Minuten grillen, dabei wenden. Innenflächen der Burgerbrötchen kurz auf dem Grill anrösten.

4. Unterseiten der Burgerbrötchen mit Senf bestreichen. Nacheinander mit Salatblatt, Tofu, Paprikastreifen und Zwiebelringen belegen. Burgerdeckel auflegen.

20 Fisch- & Meeresfrüchte-Rezepte

KRÄUTER DORADE AN GEMÜSE

Ideal: indirektes Grillen

Nährwerte pro Portion: 335 kcal, 9.8 g Kohlenhydrate, 14.9 g Fett, 36.5 g Eiweiß

Zutaten für 4 Portionen:

- ✓ 2 Knoblauchzehen
- ✓ 4 Schalotten
- ✓ je 1 rote, grüne und gelbe Paprika
- ✓ 12 Datteltomaten
- ✓ 1 EL Thymian, gerebelt
- ✓ 1 EL Rosmarin, fein gehackt
- ✓ 1 EL Salbei, fein gehackt
- ✓ 1 EL Basilikum, fein gehackt
- ✓ 1 Zitrone
- ✓ 12 grüne Oliven
- ✓ 4 EL Olivenöl
- ✓ etwas Salz und Pfeffer
- ✓ 4 Doraden
- ✓ Alufolie

Zubereitung:

1. Knoblauch pressen. Schalotten in Scheiben und Paprika in Stücke schneiden. Datteltomaten halbieren. Thymian, Rosmarin, Salbei und Basilikum in einer Schüssel vermischen. Zitrone vierteln.

2. Knoblauch, Schalotte, Paprika, Tomaten und Oliven mit 2 EL der Kräuter und 2 EL Öl mischen. Mit Salz und Pfeffer abschmecken. Gemüsemischung in vier Portionen aufteilen. Jede Portion in Alufolie einpacken. Am Rand der Grillfläche die Alufoliepäckchen für ca. 10-15 Minuten garen lassen.

3. Dorade unter fließendem kaltem Wasser abspülen, danach trockentupfen. Innen und außen mit Salz und Pfeffer würzen, mit restlichen Kräutern füllen. Mit 2 EL Öl bestreichen. Auf dem vorbereiteten Grill bei mittlerer Hitze von jeder Seite 5-6 Minuten grillen. Mit Gemüsepäckchen und Zitrone servieren.

GEGRILLTES SAIBLINGSFILET

Ideal: indirektes Grillen

Nährwerte pro Portion: 444 kcal, 3.3 g Kohlenhydrate, 25.8 g Fett, 49.8 g Eiweiß

Zutaten für 4 Portionen:

Für die Marinade:

- ✓ 1 Knoblauchzehe
- ✓ 1 unbehandelte Zitrone
- ✓ 6 EL Olivenöl
- ✓ 2 Lorbeerblätter, fein gehackt
- ✓ 1 EL Rosmarin, fein gehackt
- ✓ 1 EL Thymian, gerebelt
- ✓ etwas Pfeffer

Weitere Zutaten:

- ✓ 8 Stück (ca. 1 kg) Saiblingsfilet
- ✓ 300 g Feldsalat
- ✓ 2 EL Olivenöl
- ✓ etwas Salz
- ✓ evtl. Smoker-Box

Zubereitung:

1. Marinade: Knoblauch pressen. Zitronenschale abreiben. Zitrone auspressen. Knoblauch mit Öl, Zitronenschale und ¼ des Zitronensaftes mischen (den restlichen Saft für den Feldsalat zur Seite stellen). Lorbeerblätter, Rosmarin und Thymian hinzufügen. Mit Pfeffer würzen.

2. Saiblingsfilets mit Marinade bestreichen. Abgedeckt im Kühlschrank 6 Stunden ziehen lassen.

3. Feldsalat mit Olivenöl und restlichem Zitronensaft beträufeln. Mit Salz würzen.

4. Saiblingfilets auf jeder Seite ca. 4 Minuten grillen. Sabilingsfilets mit Feldsalat auf Tellern anrichten und servieren.

TIPP: Für einen besonderen Geschmack die Smoker-Box verwenden.

GEGRILLTE FORELLE MIT KRÄUTERBUTTER

Ideal: indirektes Grillen

Nährwerte pro Portion: 625.5 kcal, 1.3 g Kohlenhydrate, 31.8 g Fett, 82.8 g Eiweiß

Zutaten für 4 Portionen:

Für die Kräuterbutter:

- ✓ 80 g Butter
- ✓ 1 Knoblauchzehe
- ✓ 1 TL Rosmarin, fein gehackt
- ✓ 1 TL Thymian, gerebelt
- ✓ 1 TL Oregano, gerebelt
- ✓ 1 TL Schnittlauch, fein gehackt
- ✓ 1 TL Petersilie, fein gehackt
- ✓ 1 TL Olivenöl,
- ✓ etwas Salz und Pfeffer

Restliche Zutaten:

- ✓ 4 Stück (ca. 1.6 kg) Forellen
- ✓ etwas Salz und Pfeffer
- ✓ 2 unbehandelte Limetten
- ✓ 2 EL Thymian, gerebelt
- ✓ 4 Fischhalter

Zubereitung:

1. Kräuterbutter: Butter 2 ½ Stunden vor Verwendung aus dem Kühlschrank nehmen. Knoblauch pressen. Butter mit Knoblauch, Rosmarin, Thymian, Oregano, Schnittlauch und Petersilie vermischen. Öl daruntermischen. Mit Salz und Pfeffer würzen.

2. Forellen innen und außen mit Salz und Pfeffer würzen. Limetten in je sechs Scheiben schneiden. Forellen mit Kräuterbutter, je 3 Limettenscheiben und Thymian füllen. Abgedeckt im Kühlschrank 1 Stunde ziehen lassen.

3. Forellen in Fischhalter fixieren und für ca. 20 Minuten grillen.

HASELNUSS-WOLFSBARSCH

Ideal: indirektes Grillen, 230 °C - 290 °C

Nährwerte pro Portion: 787.5 kcal, 6.8 g Kohlenhydrate, 49 g Fett, 78.8 g Eiweiß

Zutaten für 4 Portionen:

Für die Haselnussbutter:

- ✓ 120 g Butter
- ✓ 100 g Haselnusskerne, grob gehackt

Restliche Zutaten:

- ✓ 4 Knoblauchzehen
- ✓ 2 unbehandelte Zitronen
- ✓ 4 Stück (ca. 1.6 kg) Wolfsbarsch
- ✓ 2 EL Olivenöl
- ✓ etwas Salz und Pfeffer
- ✓ 2 EL Thymian, gerebelt
- ✓ 3 EL Petersilie, fein gehackt
- ✓ 1 EL Dill, fein gehackt
- ✓ 1 EL Basilikum, fein gehackt
- ✓ 1 EL Schnittlauch, fein gehackt
- ✓ Grillplatte

Zubereitung:

1. Haselnussbutter: Butter ca. 2 ½ Stunden vor Verwendung aus dem Kühlschrank nehmen. Haselnüsse kurz in einer Pfanne ohne Fett anbraten. Butter mit Haselnüssen vermischen.

2. Knoblauch und Zitronen in dünne Scheiben schneiden.

3. Wolfsbarsch außen mit Öl bestreichen, innen und außen mit Salz und Pfeffer würzen sowie mit Zitronen- und Knoblauchscheiben, Thymian und 2 EL Petersilie füllen.

4. Wolfsbarsch auf Grillplatte legen, über direkter Hitze platzieren und den Grilldeckel schließen. Auf jeder Seite ca. 3–5 Minuten grillen.

5. Haselnussbutter in kleinem Topf erhitzen. Wolfsbarsch auf Tellern verteilen und mit Haselnussbutter übergießen. 1 EL Petersilie, Dill, Basilikum und Schnittlauch darüber streuen und servieren.

ROTBARSCH-SPIESS

Ideal: direktes Grillen

Nährwerte pro Portion: 402.8 kcal, 13.3 g Kohlenhydrate, 16.5 g Fett, 49.3 g Eiweiß

Zutaten für 4 Portionen:

- ✓ 800 g Rotbarschfilet
- ✓ 200 g Bacon
- ✓ ½ Zitrone
- ✓ 200 g Champignons
- ✓ etwas Salz
- ✓ 2 rote Zwiebeln
- ✓ 2 gelbe Paprika
- ✓ 2 rote Paprika
- ✓ 4 EL Olivenöl
- ✓ Grillspieße

Zubereitung:

1. Rotbarschfilet in 8 Stücke schneiden. Filetstücke mit Bacon umwickeln.

2. Zitrone auspressen. Champignons mit Zitrone beträufeln und mit Salz würzen. Zwiebeln in je 4 Spalten schneiden. Paprika in ca. 2 cm große Stücke schneiden.

3. Spieße abwechselnd mit Rotbarsch, Champignons, Zwiebeln und Paprika bestücken. Mit Öl bestreichen. Auf jeder Seite für ca. 5 Minuten grillen.

TIPP: Variation des Spießes – Anstatt 800 g Rotbarschfilet, 400 g Rotbarschfilet und 400 g Lachsfilet verwenden.

LACHS-KABELJAU-SPIESS

Ideal: direktes Grillen

Nährwerte pro Portion: 233.3 kcal, 7 g Kohlenhydrate, 14 g Fett, 19.5 g Eiweiß

Zutaten für 4 Portionen:

Für die Marinade:

- ✓ 1 Knoblauchzehe
- ✓ 1 Zitrone
- ✓ 4 EL Olivenöl
- ✓ 1 EL Rosmarin, fein gehackt
- ✓ 1 EL Thymian, gerebelt
- ✓ 1 TL Petersilie, fein gehackt
- ✓ 1 TL Chilischote, fein gehackt
- ✓ etwas Salz

Restliche Zutaten:

- ✓ 200 g Kabeljaufilet
- ✓ 200 g Lachsfilet
- ✓ 1 rote Zwiebel
- ✓ 1 gelbe Paprika
- ✓ 1 Zucchini
- ✓ Grillspieße

Zubereitung:

1. Marinade: Knoblauch fein hacken. Zitrone auspressen. Öl mit Knoblauch, Zitronensaft, Rosmarin, Thymian, Petersilie und Chili vermischen. Mit Salz würzen.

2. Kabeljau- und Lachsfilet in je 4 Stücke schneiden und in der Marinade einlegen. Abgedeckt 30 Minuten im Kühlschrank ziehen lassen.

3. Zwiebel in 4, Paprika in 8 Spalten schneiden. Zucchini in Scheiben schneiden.

4. Spieße abwechselnd mit Fisch, Zwiebel, Paprika und Zucchini bestücken. Auf jeder Seite ca. 5 Minuten grillen.

THUNFISCHSTEAK MIT SESAM-MARINADE

Ideal: direktes (280 °C) und indirektes (140 °C) Grillen kombiniert

Nährwerte pro Portion: 579.5 kcal, 3.8 g Kohlenhydrate, 42.5 g Fett, 46 g Eiweiß

Zutaten für 4 Portionen:

Für die Marinade:

- ✓ 1 Knoblauchzehe
- ✓ 1 Zitrone
- ✓ 5 EL Sojasauce
- ✓ 4 EL Olivenöl
- ✓ 2 EL Sesam
- ✓ 1 TL Chilischote, fein gehackt

Restliche Zutaten:

- ✓ 4 Stück (ca. 800 g) Thunfischsteaks

Zubereitung:

1. Marinade: Knoblauch fein hacken. Zitrone auspressen. Knoblauch mit Zitronensaft, Sojasauce, Öl, Sesam und Chili vermischen.

2. Thunfischsteaks mit Marinade bestreichen. Abgedeckt im Kühlschrank 20 Minuten ziehen lassen.

3. Auf jeder Seite ca. 1 Minute direkt grillen. Bei indirekter Hitze für ca.

2 Minuten fertig grillen.

TIPP: Um den reinen Thunfisch-Geschmack zu genießen, Thunfisch nicht marinieren. Sobald der unmarinierte Thunfisch fertig gegrillt ist, mit Limetten-Olivenöl (Mischung aus 4 EL Olivenöl, Saft einer Limette, 1 fein gehackte Knoblauchzehe und etwas Salz) beträufeln.

SEELACHSFILET-BURGER

Ideal: direktes und indirektes Grillen kombiniert

Nährwerte pro Portion: 461.5 kcal, 31.1 g Kohlenhydrate, 23.6 g Fett, 30.5 g Eiweiß

Zutaten für 4 Portionen:

- ✓ 2 Tomaten
- ✓ ½ Zitrone
- ✓ 2 EL Olivenöl
- ✓ 4 Stück (ca. 500 g) Seelachsfilet
- ✓ etwas Salz und Pfeffer
- ✓ 4 Burgerbrötchen
- ✓ 4 EL Remoulade (Rezept s. „Saucen")
- ✓ 4 Salatblätter

Zubereitung:

1. Tomaten in Scheiben schneiden.

2. Zitrone auspressen und mit Öl mischen. Seelachsfilet mit Zitronen-Öl bestreichen und mit Salz und Pfeffer würzen. Auf dem vorbereiteten Grill auf jeder Seite für ca. 45 Sekunden direkt angrillen. Für weitere 5–10 Minuten indirekt fertig grillen.

3. Innenflächen der Burgerbrötchen kurz auf dem Grill anrösten. Unterseite mit Remoulade bestreichen. Nacheinander mit Salatblatt, Seelachsfilet und Tomatenscheibe belegen. Burgerdeckel auflegen.

FORELLEN-BURGER

Ideal: direktes Grillen

Nährwerte pro Portion: 539 kcal, 36.6 g Kohlenhydrate, 24.7 g Fett, 32.8 g Eiweiß

Zutaten für 4 Portionen:

Für die Patties:

- ✓ 1 Scheibe Toastbrot
- ✓ 1 rote Zwiebel
- ✓ 1 EL Butter
- ✓ 300 g ungeräuchertes Forellenfilet
- ✓ 100 g geräuchertes Forellenfilet
- ✓ ½ Zitrone
- ✓ 2 Eier
- ✓ 1 EL Dill, fein gehackt
- ✓ etwas Salz und Pfeffer

Für den Belag/die Brötchen:

- ✓ 1 rote Zwiebel
- ✓ 2 Tomaten
- ✓ 4 EL Schmand
- ✓ 4 Burgerbrötchen
- ✓ 4 Salatblätter
- ✓ gusseiserne Pfanne

Zubereitung:

1. Belag: Zwiebel und Tomaten in Scheiben schneiden.

2. Patties:

a) Toastbrot zerbröseln. Zwiebel fein hacken und mit Butter in einer Pfanne glasig dünsten. Forellen in grobe Stücke schneiden und pürieren. Zitrone auspressen. Hälfte der Brösel, Zwiebel, ein Ei, Saft und Dill mit Forellen verkneten. Salzen und pfeffern. Vier flache Patties formen, am besten mit einer Burgerpresse. Mittig in die Patties eine kleine Delle drücken.

b) Auf einem tiefen Teller ein Ei verquirlen. Auf einen zweiten tiefen Teller die restlichen Toastbrotbrösel geben. Patties zuerst durch das Ei ziehen, dann in den Toastbröseln wenden.

c) Die Patties in einer gusseisernen Pfanne auf jeder Seite für ca. 5 Minuten grillen.

3. Innenflächen der Burgerbrötchen kurz auf dem Grill anrösten. Unterseite mit Schmand bestreichen. Mit Salat, Pattie, Zwiebel und Tomaten belegen. Burgerdeckel auflegen.

SCHICHTFISCH AUS DEM DUTCH OVEN

Ideal: indirektes Grillen

Nährwerte pro Portion: 379.8 kcal, 22 g Kohlenhydrate, 12.8 g Fett, 42 g Eiweiß

Zutaten für 4 Portionen:

- ✓ 800 g Kabeljaufilet
- ✓ etwas Salz und Pfeffer
- ✓ 1 EL Estragon, gerebelt
- ✓ 2 Zwiebeln
- ✓ 500 g Kartoffeln
- ✓ 4 EL Sonnenblumenöl
- ✓ 500 g frischer Spinat
- ✓ etwas Salz
- ✓ 3 EL Basilikum, grob gehackt
- ✓ 1 EL Rosmarin, gerebelt
- ✓ 200 ml Fischfond

Zubereitung:

1. Kabeljaufilet mit Salz und Pfeffer würzen. Mit Estragon bestreuen.

2. Zwiebeln und Kartoffeln in Scheiben schneiden.

3. Dutch Oven mit Öl einreiben. Zum Schichten folgende Reihenfolge beachten: Zwiebelscheiben, Fisch, Spinatblätter und Kartoffeln. Mit etwas Salz würzen sowie Basilikum und Rosmarin darüber streuen. Diese Schichten so oft wiederholen, bis alle Zutaten verbraucht sind. Am besten mit Kartoffeln abschließen. Zuletzt Fischfond darüber gießen. Deckel schließen und für ca. 25 Minuten kochen.

BARSCH-GULASCH AUS DEM DUTCH OVEN

Ideal: direktes Grillen

Nährwerte pro Portion: 392.8 kcal, 18.3 g Kohlenhydrate, 17.3 g Fett, 28.8 g Eiweiß

Zutaten für 4 Portionen:

- ✓ 500 g Barschfilet
- ✓ 1 Zwiebel
- ✓ 2 Tomaten
- ✓ 1 rote Paprika
- ✓ 1 gelbe Paprika
- ✓ 5 EL Sonnenblumenöl
- ✓ 2 EL edelsüßes Paprikapulver
- ✓ 2 EL scharfes Paprikapulver
- ✓ 1 TL Honig
- ✓ 1 TL Salz
- ✓ ½ TL Pfeffer
- ✓ 300 ml Rotwein
- ✓ 200 ml Fischfond

Zubereitung:

1. Barschfilet in 2 cm große Stücke schneiden. Zwiebel fein hacken. Tomaten in Würfel und Paprika in Streifen schneiden.

2. Öl im Dutch Oven erhitzen. Fisch darin für ca. 3 Minuten anbraten, dabei einmal wenden.

3. Zwiebel, Tomaten und Paprika hinzufügen und alles einmal wenden. Paprikapulver und Honig hinzufügen. Mit Salz und Pfeffer würzen.

4. Mit Rotwein ablöschen und für ca. eine Minute köcheln lassen. Fischfond hinzufügen. Deckel schließen und für ca. 20 Minuten kochen. Deckel leicht öffnen und für weiter 25 Minuten fertig kochen.

LACHS UND MEERESFRÜCHTE MIT TOMATENSALSA

Ideal: direktes Grillen

Nährwerte pro Portion: 531 kcal, 13.8 g Kohlenhydrate, 52.2 g Fett, 3 g Eiweiß

Zutaten für 4 Portionen:

Für die Tomatensalsa:

- ✓ 3 Knoblauchzehen
- ✓ 1 Zwiebel
- ✓ 5 Tomaten
- ✓ 1 EL Butterschmalz
- ✓ ½ TL Chilischote, fein gehackt
- ✓ etwas Salz und Pfeffer

Für die Meeresfrüchte:

- ✓ 2 Stück (ca. 200 g) Tintenfischtuben
- ✓ etwas Salz
- ✓ 400 g Miesmuscheln
- ✓ 10 Stück Riesengarnelen
- ✓ 600 g Lachsfilet
- ✓ Limetten-Marinade für 6 Portionen (Rezept s. „Dips & Marinaden")
- ✓ Grillschale

Zubereitung:

1. Tomatensalsa: Knoblauch und Zwiebel fein würfeln. Tomaten grob hacken. Butterschmalz in einem Topf erhitzen und Knoblauch und Zwiebel kurz darin anbraten. Tomaten hinzufügen und ca. 5 Minuten köcheln lassen. Chilis hinzufügen und mit Salz und Pfeffer würzen.

2. Tintenfisch in kochendem Salzwasser ca. 1 Minute blanchieren. Muscheln unter fließendem Wasser gründlich waschen. Die obere Schalenhälfte der Muscheln entfernen. Garnelen halbieren und Darm entfernen. Lachsfilet in 4 gleich große Stücke schneiden.

3. Meeresfrüchte und Lachsfilet in Marinade einlegen. Abgedeckt im Kühlschrank 1 Stunde ziehen lassen.

4. Meeresfrüchte und Lachs aus der Marinade nehmen. Tintenfisch beidseitig ca. 5 Minuten grillen. Lachs und Garnelen auf jeder Seite ca. 3 Minuten grillen. Muscheln in der Grillschale ca. 2 ½ Minuten grillen. Meeresfrüchte und Lachsfilet zusammen mit der Salsa servieren.

ACHTUNG: Nach dem Grillen noch geschlossene Muscheln entsorgen!

GEGRILLTE MIESMUSCHELN

Ideal: direktes Grillen

Nährwerte pro Portion: 609.5 kcal, 22.8 g Kohlenhydrate, 35 g Fett, 50.3 g Eiweiß

Zutaten für 4 Portionen:

Für die Marinade:

- ✓ 2 Knoblauchzehen
- ✓ 1 Zitrone
- ✓ 5 EL Butter
- ✓ 3 EL Olivenöl
- ✓ 8 EL Petersilie, fein gehackt
- ✓ etwas Salz und Pfeffer

Für die Muscheln:

- ✓ 2 kg Miesmuscheln
- ✓ Grillschale

Zubereitung:

1. Marinade: Knoblauch fein würfeln und Zitrone auspressen. Butter in einem Topf erhitzen. Zerlassene Butter mit Knoblauch, Zitronensaft, Öl und Petersilie vermischen. Mit Salz und Pfeffer würzen.

2. Miesmuscheln unter fließendem Wasser sehr gründlich waschen. In Marinade einlegen und abgedeckt 1 Stunde im Kühlschrank ziehen lassen.

3. Muscheln aus der Marinade nehmen und in der Grillschale für ca. 2 ½ Minuten grillen.

ACHTUNG: Nach dem Grillen noch geschlossene Muscheln entsorgen!

TIPP: Schmeckt sehr gut mit frischem Baguette.

JAKOBSMUSCHELN AN SPARGEL MIT LIMETTENSAUCE

Ideal: direktes Grillen

Nährwerte pro Portion: 169 kcal, 11 g Kohlenhydrate, 4 g Fett, 20 g Eiweiß

Zutaten für 4 Portionen:

Für die Limettensauce:

- ✓ 2 unbehandelte Limetten
- ✓ 2 Knoblauchzehen
- ✓ 2 EL Petersilie, fein gehackt
- ✓ 8 EL Olivenöl
- ✓ etwas Salz und Pfeffer

Weitere Zutaten:

- ✓ 400 g grüner Spargel
- ✓ etwas Salz
- ✓ 600 g Jakobsmuscheln
- ✓ 2 EL Olivenöl

Zubereitung:

1. Sauce: Limettenschale abreiben und Limetten auspressen. Knoblauch fein hacken. Knoblauch, Petersilie, Limettenschale und -saft mit Öl vermischen. Mit Salz und Pfeffer würzen.

2. Spargel für ca. 2 Minuten in kochendem Salzwasser garen. Mit kaltem Wasser abschrecken und abtropfen lassen. Für ca. 3–5 Minuten grillen und dabei wenden.

3. Jakobsmuscheln mit Öl bestreichen. Auf jeder Seite für ca. 2 Minuten grillen. Vorsichtig wenden!

4. Jakobsmuscheln mit Spargel auf Tellern anrichten. Limettensauce darüber gießen und servieren.

VENUSMUSCHELN MIT CREMIGER WEISSWEINSAUCE

Ideal: direktes Grillen

Nährwerte pro Portion: 920.5 kcal, 37.3 g Kohlenhydrate, 55.8 g Fett, 59.3 g Eiweiß

Zutaten für 4 Portionen:

Für die Weißweinsauce:

- ✓ 200 g Schalotten
- ✓ ½ Zitrone
- ✓ 5 EL Butter
- ✓ 1 TL edelsüßes Paprikapulver
- ✓ etwas Salz und Pfeffer
- ✓ 200 ml Weißwein
- ✓ 200 ml Wasser
- ✓ 400 g Crème fraîche
- ✓ 1 TL Petersilie, fein gehackt

Weitere Zutaten:

- ✓ 2 kg Venusmuscheln
- ✓ Grillschale

Zubereitung:

1. Sauce:

a) Schalotten fein hacken und Zitrone auspressen. Butter in einem Topf erhitzen und Schalotten darin glasig anschwitzen. Paprikapulver hinzufügen und mit Salz und Pfeffer würzen.

b) Mit Weißwein und Wasser ablöschen und für ca. 3 Minuten köcheln lassen.

c) Zitronensaft und Crème fraîche unterrühren und für weitere 3 Minuten köcheln lassen.

d) Vom Herd nehmen und Petersilie hinzufügen.

2. Venusmuscheln unter fließendem Wasser sehr gründlich waschen. In Grillschale für ca. 2 ½ Minuten grillen.

3. Venusmuscheln mit Sauce servieren.

ACHTUNG: Nach dem Grillen noch geschlossene Muscheln entsorgen!

TIPP: Schmeckt sehr gut mit frischem Baguette.

GEGRILLTE TINTENFISCHTUBEN

Ideal: direktes Grillen

Nährwerte pro Portion: 267.8 kcal, 7 g Kohlenhydrate, 12 g Fett, 32.3 g Eiweiß

Zutaten für 4 Portionen:

Für die Marinade:

- ✓ 2 Knoblauchzehen
- ✓ ½ Zitrone
- ✓ 4 EL Olivenöl
- ✓ 4 EL Petersilie, fein gehackt
- ✓ 1 EL Thymian, gerebelt
- ✓ 1 EL Rosmarin, fein gehackt
- ✓ 1 EL Salbei, fein gehackt
- ✓ 1 EL Chilischote, fein gehackt

Weitere Zutaten:

- ✓ 8 Stück (ca. 800 g) Tintenfischtuben
- ✓ etwas Salz

Zubereitung:

1. Marinade: Knoblauch fein hacken. Zitrone auspressen. Knoblauch mit Zitronensaft, Öl, Petersilie, Thymian, Rosmarin, Salbei und Chili vermischen.

2. Tintenfischtuben in kochendem Salzwasser ca. 1 Minute blanchieren. Mit kaltem Wasser abschrecken.

3. Tintenfischtuben in Marinade einlegen. Abgedeckt im Kühlschrank 2 ½ Stunden ziehen lassen.

4. Tintenfischtuben aus Marinade nehmen und etwas salzen. Auf jeder Seite für ca. 5 Minuten grillen.

GEFÜLLTE TINTENFISCHE MIT FETA

Ideal: indirektes Grillen

Nährwerte pro Portion: 296.8 kcal, 8.5 g Kohlenhydrate, 18.5 g Fett, 23.8 g Eiweiß

Zutaten für 4 Portionen:

Für die Füllung:

- ✓ 1 rote Paprika
- ✓ 1 Zucchini
- ✓ 2 EL Olivenöl
- ✓ 2 Knoblauchzehen
- ✓ 1 Zitrone
- ✓ 150 g Feta
- ✓ 1 EL Basilikum, fein gehackt
- ✓ 1 TL Rosmarin, fein gehackt
- ✓ 1 TL Salbei, fein gehackt
- ✓ 1 TL Oregano, gerebelt
- ✓ 1 TL Thymian, gerebelt
- ✓ etwas Salz und Pfeffer

Weitere Zutaten:

- ✓ 4 Stück (ca. 400 g) Tintenfischtuben
- ✓ 2 EL Olivenöl, etwas Salz
- ✓ 4 Zahnstocher

Zubereitung:

1. Füllung:

a) Paprika und Zucchini in kleine Stücke schneiden. Öl in einer Pfanne erhitzen und das Gemüse darin für ca. 5 Minuten anbraten.

b) Knoblauch fein hacken, Zitrone auspressen und Feta zerbröseln.

c) In einer Schüssel Paprika, Zucchini, Knoblauch, Feta und Zitronensaft vermischen. Alle Kräuter hinzufügen und durchmischen. Mit Salz und Pfeffer würzen.

2. Tintenfischtuben in kochendem Salzwasser ca. 1 Minute blanchieren. Mit kaltem Wasser abschrecken.

3. Tintenfischtuben zu ¾ füllen und mit Zahnstochern verschließen. Mehr Füllung würde beim Grillen austreten, da sich die Tintenfischtuben zusammenziehen. Mit Öl bestreichen und mit Salz würzen. Auf jeder Seite für ca. 4 Minuten grillen.

GARNELENSPIESSE MIT ZITRONEN-MAYONNAISE

Ideal: direktes Grillen

Nährwerte pro Portion: 416 kcal, 3 g Kohlenhydrate, 37.3 g Fett, 4.2 g Eiweiß

Zutaten für 4 Portionen:

Für die Marinade:

- ✓ 2 Knoblauchzehen
- ✓ 1 EL Rosmarin, fein gehackt
- ✓ 1 EL Thymian, gerebelt
- ✓ 5 EL Olivenöl

Für die Zitronen-Mayonnaise:

- ✓ ½ Zitrone
- ✓ 5 EL Mayonnaise
- ✓ etwas Salz und Pfeffer

Restliche Zutaten:

- ✓ 500 g Garnelenschwänze, roh, geschält

Zubereitung:

1. Marinade: Knoblauch fein hacken und mit Rosmarin, Thymian und Öl vermischen.

2. Mayonnaise: Zitrone auspressen. Mayonnaise mit Zitronensaft

vermischen und mit Salz und Pfeffer würzen.

3. Garnelen auf 4 Spieße verteilen, in Marinade einlegen und abgedeckt 1 Stunde im Kühlschrank ziehen lassen.

4. Garnelenspieße auf jeder Seite für ca. 2 Minuten grillen. Mit Zitronen-Mayonnaise servieren.

CALAMARI-BURGER

Ideal: direktes Grillen

Nährwerte pro Portion: 468.8 kcal, 33.6 g Kohlenhydrate, 23.3 g Fett, 30.7 g Eiweiß

Zutaten für 4 Portionen:

Für die Marinade:

✓ 1 Knoblauchzehe

✓ ½ Zitrone

✓ 3 EL Olivenöl

✓ 3 EL Petersilie, fein gehackt

Weitere Zutaten:

✓ 1 Zwiebel

✓ 6 Stück (ca. 600 g) Tintenfischtuben

✓ etwas Salz

✓ 4 Burgerbrötchen

✓ 4 EL Remoulade (Rezept s. „Saucen")

✓ 4 Salatblätter

Zubereitung:

1. Marinade: Knoblauchzehen fein hacken und Zitrone auspressen. Knoblauch mit Zitronensaft, Öl und Petersilie vermischen.

2. Zwiebel in Ringe schneiden.

3. Tintenfischtuben in kochendem Salzwasser ca. 1 Minute blanchieren. Mit kaltem Wasser abschrecken.

4. Tintenfischtuben in Marinade einlegen und abgedeckt im Kühlschrank 2 ½ Stunden ziehen lassen.

5. Tintenfischtuben aus Marinade nehmen und etwas salzen. Für ca. 10 Minuten grillen, dabei wenden. In Ringe schneiden.

6. Innenflächen der Burgerbrötchen kurz auf dem Grill anrösten. Unterseite mit Remoulade bestreichen. Nacheinander mit Salatblatt, Tintenfisch- und Zwiebelringen belegen. Burgerdeckel auflegen.

GARNELEN-BURGER

Ideal: direktes Grillen

Nährwerte pro Portion: 565.3 kcal, 44.8 g Kohlenhydrate, 27.3 g Fett, 34.8 g Eiweiß

Zutaten für 4 Portionen:

Für die Garnelenpatties:

- ✓ 500 g Garnelen
- ✓ 3 Frühlingszwiebeln
- ✓ 1 unbehandelte Limette (Schale)
- ✓ 6 EL Paniermehl
- ✓ 1 Ei
- ✓ 1 EL mittelscharfer Senf
- ✓ ½ TL scharfes Paprikapulver
- ✓ etwas Salz und Pfeffer

Für die Limetten-Mayonnaise:

- ✓ 1 Limette (Saft)
- ✓ 4 EL Mayonnaise
- ✓ etwas Salz und Pfeffer

Für die Brötchen/den Belag:

- ✓ 1 Tomate
- ✓ 1 kleine Salatgurke
- ✓ 4 Burgerbrötchen

- ✓ 4 Salatblätter
- ✓ 2 EL Kresse

Zubereitung:

1. Garnelenpatties: Überschüssige Flüssigkeit aus den Garnelen drücken. Garnelen und Frühlingszwiebeln fein hacken, Limette abreiben. Garnelen, Zwiebeln und Limettenschale in einer Schüssel vermischen. Paniermehl, Ei, Senf und Paprikapulver hinzufügen. Salzen und pfeffern. Vier flache Patties formen, am besten mit einer Burgerpresse. Abgedeckt 1 Stunde in den Kühlschrank stellen.

2. Mayonnaise: Limette auspressen und mit der Mayonnaise verrühren. Salzen und pfeffern.

3. Tomate und Gurke in Scheiben schneiden. Patties auf jeder Seite für ca. 4-5 Minuten grillen. Vorsichtig wenden. Innenflächen der Burgerbrötchen auf dem Grill anrösten. Unterseite mit Mayonnaise bestreichen. Mit Salat, Gurke, Pattie und Tomate belegen. Mit Kresse bestreuen. Burgerdeckel auflegen.

15 Dips & Marinaden

AIOLI DIP

Nährwerte pro Portion: 471 kcal, 1.8 g Kohlenhydrate, 52 g Fett, 1.3 g Eiweiß

Zutaten für ca. 4 Portionen:

- ✓ 1 Knoblauchzehe
- ✓ 200 ml Sonnenblumenöl
- ✓ 1 Eigelb
- ✓ 1 TL mittelscharfer Senf
- ✓ 1 EL Zitronensaft
- ✓ etwas Salz und Pfeffer

Zubereitung:

1. Knoblauch grob hacken und zusammen mit Öl pürieren. Eigelb mit Senf und Zitronensaft vermischen.

2. Unter ständigem Rühren das Öl tröpfchenweise dem Ei-Gemisch zufügen. Mit Salz und Pfeffer würzen.

HONIG-CHILI-DIP

Nährwerte pro Portion: 69.3 kcal, 13.5 g Kohlenhydrate, 0.5 g Fett, 2.3 g Eiweiß

Zutaten für ca. 4 Portionen:

- ✓ 150 ml Wasser
- ✓ 2 EL Honig
- ✓ 1 TL scharfes Paprikapulver
- ✓ 1 TL edelsüßes Paprikapulver
- ✓ ½ TL Currypulver
- ✓ ½ TL Knoblauchpulver
- ✓ 1 TL Chilischote, fein gehackt
- ✓ 120 g passierte Tomaten

Zubereitung:

1. Wasser in einem Topf zum Kochen bringen. Honig, Paprika-, Curry- und Knoblauchpulver hinzufügen. Sobald sich der Honig aufgelöst hat, vom Herd nehmen.

2. Chili zur Sauce hinzufügen und abkühlen lassen. Passierte Tomaten unterrühren.

GUACAMOLE DIP

Nährwerte pro Portion: 85.5 kcal, 4 g Kohlenhydrate, 7.3 g Fett, 1.2 g Eiweiß

Zutaten für ca. 6 Portionen:

- ✓ 2 (sehr reife) Avocados
- ✓ 2 Knoblauchzehen
- ✓ 1 kleine, rote Zwiebel
- ✓ 1 Limette
- ✓ 2 EL Koriander, fein gehackt
- ✓ etwas Salz und Pfeffer

Zubereitung:

1. Avocados halbieren, Kern entfernen und Fruchtfleisch herauslöffeln. Das Fruchtfleisch in einer Schüssel zerdrücken. Knoblauchzehen und Zwiebel fein hacken und zur Avocadomasse hinzufügen.

2. Limette auspressen und Saft zur Avocadomasse geben. Koriander hinzufügen und mit Salz und Pfeffer abschmecken.

TIPP: Nach Belieben mit 1-2 EL Joghurt verfeinern. Auch eine klein geschnittene Tomate und/oder eine gehackte Chilischote kann hinzugefügt werden.

CURRY-BIRNEN-DIP

Nährwerte pro Portion: 147 kcal, 9.3 g Kohlenhydrate, 11 g Fett, 2.5 g Eiweiß

Zutaten für ca. 4 Portionen:

- ✓ ½ Birne
- ✓ ½ Zwiebel
- ✓ ½ Zitrone
- ✓ 125 g Joghurt
- ✓ 125 g Schmand
- ✓ 2 EL Currypulver
- ✓ etwas Salz und Pfeffer

Zubereitung:

1. Birne fein reiben und Zwiebel fein hacken.

2. Zitrone auspressen. Joghurt, Schmand und Zitronensaft miteinander verrühren. Birne und Zwiebel hinzufügen. Mit Currypulver, Salz und Pfeffer würzen.

FETA-PAPRIKA-DIP

Nährwerte pro Portion: 152.75 kcal, 2.5 g Kohlenhydrate, 12.8 g Fett, 7.3 g Eiweiß

Zutaten für ca. 4 Portionen:

- ✓ 2 Knoblauchzehen
- ✓ ½ rote Paprika
- ✓ 100 g Feta
- ✓ ½ TL Rosmarin, gerebelt
- ✓ ½ TL Thymian, gerebelt
- ✓ ½ TL Oregano, gerebelt
- ✓ 100 g Frischkäse
- ✓ etwas Salz und Pfeffer

Zubereitung:

1. Knoblauch grob hacken. Paprika in grobe Stücke schneiden. Knoblauch, Paprika und Feta zusammen mit Rosmarin, Thymian und Oregano im Mixer pürieren.

2. Frischkäse mit pürierter Masse vermischen. Mit Salz und Pfeffer würzen.

ZWIEBEL-DIP

Nährwerte pro Portion: 282.8 kcal, 3.8 g Kohlenhydrate, 28.8 g Fett, 2.5 g Eiweiß

Zutaten für ca. 4 Portionen:

- ✓ 2 Zwiebeln
- ✓ 2 EL Butter
- ✓ 150 g Schmand
- ✓ 150 g Crème fraîche
- ✓ etwas Salz und Pfeffer

Zubereitung:

1. Zwiebeln fein hacken. Butter in einem Topf erhitzen und Zwiebeln darin glasig dünsten.

2. Zwiebeln mit Schmand und Crème fraîche vermischen und mit Salz und Pfeffer würzen. Über Nacht abgedeckt im Kühlschrank ziehen lassen.

FRISCHER MINZE-DIP

Nährwerte pro Portion: 187 kcal, 4 g Kohlenhydrate, 17 g Fett, 2 g Eiweiß

Zutaten für ca. 4 Portionen:

- ✓ 2 Knoblauchzehen
- ✓ 3 Schalotten
- ✓ 150 g Sahnejoghurt
- ✓ etwas Salz
- ✓ 4 EL Pfefferminze
- ✓ etwas Pfeffer
- ✓ 2 EL Olivenöl

Zubereitung:

1. Knoblauch pressen und Schalotten fein hacken. Sahnejoghurt glattrühren und mit Salz würzen.

2. Joghurt mit Knoblauch, Schalotten und Pfefferminze vermischen. Mit Pfeffer würzen. Öl unterrühren.

BBQ-RUB FÜR GEFLÜGEL UND SCHWEIN

Nährwerte pro 10 g: 28 kcal, 3.7 g Kohlenhydrate, 0.9 g Fett, 1.1 g Eiweiß

Zutaten für ca. 70 g:

- ✓ 2 TL Chilipulver
- ✓ 2 TL Salz
- ✓ 2 TL edelsüßes Paprikapulver
- ✓ 2 TL Knoblauchpulver
- ✓ 1 TL schwarzer Pfeffer
- ✓ 1 TL Kreuzkümmel, gemahlen
- ✓ 1 TL Koriander, gemahlen

Zubereitung:

Alle Gewürze miteinander vermischen.

TIPP: Nicht verwendete Gewürzmischung in einem Glas aufbewahren. Kann nach Belieben mit Öl als flüssige Marinade verwendet werden.

BBQ-RUB FÜR RIND

Nährwerte pro 10 g: 33.8 kcal, 5.1 g Kohlenhydrate, 0.9 g Fett, 1.2 g Eiweiß

Zutaten für ca. 140 g:

- ✓ 3 EL edelsüßes Paprikapulver
- ✓ 1 ½ EL Zucker
- ✓ 1 EL Kreuzkümmel, gemahlen
- ✓ 1 EL Zwiebelgranulat
- ✓ 1 EL Knoblauchgranulat
- ✓ ½ EL Oregano, gerebelt
- ✓ ½ EL Pfeffer
- ✓ ½ EL Chilipulver

Zubereitung:

Alle Gewürze miteinander vermischen.

TIPP: Nicht verwendete Gewürzmischung in einem Glas aufbewahren. Kann nach Belieben mit Öl als flüssige Marinade verwendet werden.

BBQ-RUB, SÜSS UND SCHARF ZUGLEICH

Nährwerte pro 10 g: 30.6 kcal, 4.2 g Kohlenhydrate, 1 g Fett, 1.2 g Eiweiß

Zutaten für ca. 330 g:

- ✓ 4 EL edelsüßes Paprikapulver
- ✓ 2 EL Chilipulver
- ✓ 2 EL Knoblauchpulver
- ✓ 2 EL brauner Zucker
- ✓ 2 EL Salz
- ✓ 1 ½ EL Kreuzkümmel, gemahlen
- ✓ 1 TL Senfpulver
- ✓ 1 TL schwarzer Pfeffer, gemahlen
- ✓ 1 TL Cayennepfeffer, gemahlen

Zubereitung:

Alle Gewürze miteinander vermischen.

TIPP: Nicht verwendete Gewürzmischung in einem Glas aufbewahren. Kann nach Belieben mit Öl als flüssige Marinade verwendet werden.

MEDITERRANE MARINADE

Nährwerte pro Portion: 96.5 kcal, 1.5 g Kohlenhydrate, 10 g Fett, 0.3 g Eiweiß

Zutaten für ca. 4 Portionen:

- ✓ 1 Knoblauchzehe
- ✓ 1 rote Zwiebel
- ✓ 4 EL Olivenöl
- ✓ 1 EL weißer Balsamico-Essig
- ✓ 1 TL Oregano, gerebelt
- ✓ 1 TL Rosmarin, fein gehackt
- ✓ 1 TL Thymian, gerebelt
- ✓ etwas Salz und Pfeffer

Zubereitung:

Knoblauch und Zwiebel fein hacken und mit Öl und Essig mischen. Oregano, Rosmarin und Thymian hinzufügen und mit Salz und Pfeffer würzen.

FRUCHTIGE MARINADE

Nährwerte pro Portion: 197.1 kcal, 20 g Kohlenhydrate, 12 g Fett, 0.9 g Eiweiß

Zutaten für ca. 3-4 Portionen:

- ✓ 1 Knoblauchzehe
- ✓ ½ Zwiebel
- ✓ 4 EL Olivenöl
- ✓ 2 EL brauner Zucker
- ✓ 1 unbehandelte Limette
- ✓ 2 unbehandelte Zitronen
- ✓ 1 Orange, 2 EL Oregano, gerebelt

Zubereitung:

1. Knoblauch und Zwiebel fein würfeln. Öl in einem Topf erhitzen und Knoblauch und Zwiebel kurz darin andünsten. Zucker hinzufügen, vom Herd nehmen und abkühlen lassen.

2. Schalen von Limette und Zitronen abreiben und fein hacken. Limette, Zitrone und Orange auspressen.

3. Knoblauch-Zwiebel-Mischung mit Limetten- und Zitronenschale, Limetten-, Zitronen- und Orangensaft vermischen. Oregano hinzufügen.

TIPP: Diese Marinade eignet sich sowohl für Fisch als auch für Fleisch. Besonders gut eignet sie sich jedoch für Rind und Geflügel.

BIER-MARINADE

Nährwerte pro Portion: 230.4 kcal, 12.5 g Kohlenhydrate, 18.3 g Fett, 1.5 g Eiweiß

Zutaten für ca. 4 Portionen:

- ✓ 2 Knoblauchzehen
- ✓ 1 rote Zwiebel
- ✓ 150 ml Zwickelbier
- ✓ 7 EL Olivenöl
- ✓ 2 EL Honig
- ✓ 1 EL mittelscharfer Senf
- ✓ 1 EL Oregano, gerebelt
- ✓ 1 EL edelsüßes Paprikapulver
- ✓ 1 TL Chilischote, fein gehackt
- ✓ etwas Salz und Pfeffer

Zubereitung:

Knoblauch und Zwiebel fein hacken. Bier, Öl, Honig und Senf vermischen. Knoblauch, Zwiebel, Oregano, Paprikapulver und Chili zur Bier-Mischung hinzufügen. Mit Salz und Pfeffer würzen.

TIPP: Diese Marinade eignet sich besonders gut zu Fleisch, insbesondere zu Lamm, Rind und Geflügel.

KORIANDER-MARINADE FÜR FISCH

Nährwerte pro Portion: 96 kcal, 1.5 g Kohlenhydrate, 10 g Fett, 0.5 g Eiweiß

Zutaten für ca. 4 Portionen:

- ✓ 4 Knoblauchzehen
- ✓ 7 EL Koriander, fein gehackt
- ✓ 4 EL Olivenöl
- ✓ etwas Salz und Pfeffer

Zubereitung:

Knoblauchzehen fein hacken. Knoblauch mit Koriander und Öl mischen und mit Salz und Pfeffer würzen.

LIMETTEN-MARINADE FÜR FISCH

Nährwerte pro Portion: 88.5 kcal, 2.3 g Kohlenhydrate, 8.7 g Fett, 0.5 g Eiweiß

Zutaten für ca. 6 Portionen:

- ✓ 1 Knoblauchzehe
- ✓ 2 Frühlingszwiebeln
- ✓ ½ Limette
- ✓ 5 EL Olivenöl
- ✓ 1 EL scharfer Senf
- ✓ 1 TL Currypulver
- ✓ etwas Salz und Pfeffer

Zubereitung:

Knoblauch und Zwiebeln fein würfeln. Limette auspressen. Knoblauch und Zwiebeln mit Limettensaft, Öl, Senf und Currypulver vermischen und mit Salz und Pfeffer würzen.

11 Saucen

FRISCHE MANGO-CURRY-SAUCE

Nährwerte pro Portion: 61.2 kcal, 6.7 g Kohlenhydrate, 3.5 g Fett, 0.8 g Eiweiß

Zutaten für ca. 7 Portionen:

- ✓ 1 Schalotte
- ✓ 5 g Ingwer
- ✓ ½ Mango
- ✓ ½ Orange
- ✓ 1 ½ EL Butter
- ✓ ½ EL Chilischote, fein gehackt
- ✓ 1 EL Mehl
- ✓ 1 EL Currypulver
- ✓ 100 ml Wasser
- ✓ 100 ml Kokosmilch
- ✓ ½ TL Zucker
- ✓ etwas Salz und Pfeffer

Zubereitung:

1. Schalotte und Ingwer grob hacken. Mango in grobe Stücke schneiden und Orange auspressen.

2. Butter in einem Topf erhitzen und Schalotte, Ingwer und Chili darin anschwitzen. Mehl und Currypulver darüber streuen und mit

anschwitzen. Mit Orangensaft, Wasser und Kokosmilch ablöschen.

3. Unter Rühren aufkochen lassen und für ca. 10 Minuten köcheln lassen. Mango hinzufügen sowie mit Zucker, Salz und Pfeffer würzen. Vom Herd nehmen und pürieren.

KNOBLAUCHSAUCE

Nährwerte pro Portion: 194 kcal, 1.7 g Kohlenhydrate, 20.5 g Fett, 1.3 g Eiweiß

Zutaten für ca. 6 Portionen:

- ✓ 3 Knoblauchzehen
- ✓ 200 g Schmand
- ✓ 3 EL Mayonnaise
- ✓ 1 EL Joghurt
- ✓ 1 TL mittelscharfer Senf
- ✓ etwas Salz und Pfeffer

Zubereitung:

Knoblauch pressen, mit Schmand, Mayonnaise, Joghurt und Senf vermischen sowie mit Salz und Pfeffer würzen.

CHILISAUCE

Nährwerte pro Portion: 102 kcal, 10.8 g Kohlenhydrate, 5.5 g Fett, 2 g Eiweiß

Zutaten für ca. 4 Portionen:

- ✓ 1 Knoblauchzehe
- ✓ 1 Zwiebel
- ✓ 1 rote Paprika
- ✓ 3 Tomaten
- ✓ 4 EL Chilischote, fein gehackt
- ✓ 2 EL Sonnenblumenöl
- ✓ 1 EL Honig
- ✓ etwas Salz und Pfeffer

Zubereitung:

1. Knoblauch und Zwiebel fein würfeln. Paprika und Tomaten in kleine Stücke schneiden.

2. Öl in einem Topf erhitzen und Zwiebel, Paprika und Chili anschwitzen. Knoblauch, Tomaten und Honig hinzufügen. Mit Salz und Pfeffer würzen.

3. Alles für ca. 5 Minuten köcheln lassen, vom Herd nehmen und pürieren.

TIPP: Für noch mehr Schärfe einfach weitere 1 EL-4 EL gehackte

Chilischote hinzufügen.

COCKTAILSAUCE

Nährwerte pro Portion: 268 kcal, 4.7 g Kohlenhydrate, 27.7 g Fett, 0.8 g Eiweiß

Zutaten für ca. 6 Portionen:

- ✓ ½ Knoblauchzehe
- ✓ ½ Zitrone
- ✓ 200 g Mayonnaise
- ✓ 3 EL Ketchup
- ✓ 1 EL Worcestersauce
- ✓ 1 TL Dijon-Senf
- ✓ 1 TL Chilischote, fein gehackt
- ✓ etwas Pfeffer

Zubereitung:

1. Knoblauch pressen und Zitrone auspressen.

2. Knoblauch mit Mayonnaise, Ketchup, Worcestersauce und Senf verrühren. Mit Chili und Pfeffer würzen und Zitronensaft unterrühren.

TIPP: Passt sehr gut zu den Garnelenspießen als Alternative zur Zitronen-Mayonnaise.

MEERRETTICH-ZITRONEN-SAUCE

Nährwerte pro Portion: 110.1 kcal, 3.3 g Kohlenhydrate, 10.1 g Fett, 1.3 g Eiweiß

Zutaten für ca. 6 Portionen:

2 Schalotten

½ unbehandelte Zitrone

200 g Schmand

2 ½ EL Meerrettich

2 TL Worcestersauce

2 EL Petersilie, fein gehackt

etwas Salz und Pfeffer

Zubereitung:

1. Schalotten fein würfeln. Zitronenschale abreiben und Zitrone auspressen.

2. Schalotten, Schmand, Meerrettich, Worcestersauce, Zitronenschale und Zitronensaft miteinander verrühren. Petersilie hinzufügen und mit Salz und Pfeffer würzen.

3. Alles zusammen zu einer cremigen Sauce pürieren.

REMOULADE

Nährwerte pro Portion: 248 kcal, 2.2 g Kohlenhydrate, 24.6 g Fett, 4.4 g Eiweiß

Zutaten für ca. 5 Portionen:

- ✓ 2 Eier
- ✓ 2 saure Gurken
- ✓ 1 Knoblauchzehe
- ✓ 2 Schalotten
- ✓ 1 EL Petersilie, fein gehackt
- ✓ 200 g Schmand
- ✓ 1 TL mittelscharfer Senf
- ✓ etwas Salz und Pfeffer
- ✓ 5 EL Olivenöl

Zubereitung:

1. Eier hart kochen. Eier und Gurken in grobe Stücke schneiden. Knoblauch und Schalotten grob hacken.

2. Gurken, Knoblauch, Schalotten und Petersilie im Mixer pürieren. Schmand und Senf hinzufügen. Mit Salz und Pfeffer würzen und nochmals mixen. Währenddessen Olivenöl langsam hineinlaufen lassen. Eier hinzufügen und nur kurz mixen, sodass die Eier nicht komplett püriert sind. Bis zur Verwendung im Kühlschrank aufbewahren. Innerhalb weniger Tage verbrauchen.

BBQ-SAUCE

Nährwerte pro 100 ml: 105.6 kcal, 19.8 g Kohlenhydrate, 0.4 g Fett, 1.7 g Eiweiß

Zutaten für ca. 6 Portionen:

- ✓ 1 Knoblauchzehe
- ✓ 1 kleine Zwiebel
- ✓ 4 EL Worcestersauce
- ✓ 150 ml Tomatenketchup
- ✓ 4 EL Tomatenmark
- ✓ 3 EL Whisky
- ✓ 2 EL Weißwein-Essig
- ✓ 2 EL Zucker

Zubereitung:

Knoblauchzehe und Zwiebel fein würfeln und mit allen anderen Zutaten verrühren.

BBQ-SAUCE IN WEISS

Nährwerte pro Portion: 383.9 kcal, 3 g Kohlenhydrate, 41.4 g Fett, 1 g Eiweiß

Zutaten für ca. 6 Portionen:

- ✓ 2 Knoblauchzehen
- ✓ 300 g Mayonnaise
- ✓ 50 ml Wasser
- ✓ 50 ml Weißweinessig
- ✓ 1 EL mittelscharfer Senf
- ✓ 2 TL Meerrettich
- ✓ 1 TL Zucker
- ✓ etwas Salz und Pfeffer

Zubereitung:

Knoblauchzehen grob hacken und mit Mayonnaise, Wasser, Essig, Senf, Meerrettich und Zucker pürieren. Mit Salz und Pfeffer würzen. Abgedeckt im Kühlschrank für 1-2 Stunden ziehen lassen.

APRIKOSEN-CURRY-SAUCE

Nährwerte pro Portion: 173.7 kcal, 6.8 g Kohlenhydrate, 15.3 g Fett, 2 g Eiweiß

Zutaten für ca. 6 Portionen:

- ✓ 200 g Aprikosen
- ✓ 150 g Joghurt
- ✓ 100 g Mayonnaise
- ✓ 2 EL Koriander, fein gehackt
- ✓ 1 ½ EL Currypulver
- ✓ etwas Salz

Zubereitung:

Aprikosen klein hacken und mit Joghurt, Mayonnaise, Koriander und Curry pürieren. Mit Salz würzen.

TOMATEN-KETCHUP MIT PAPRIKA

Nährwerte pro Portion: 101.7 kcal, 7 g Kohlenhydrate, 7.2 g Fett, 2.2 g Eiweiß

Zutaten für ca. 6 Portionen:

- ✓ 2 Knoblauchzehen
- ✓ 2 Schalotten
- ✓ 15 g Ingwer
- ✓ 1 rote Paprika
- ✓ 5 Tomaten
- ✓ 4 EL Olivenöl
- ✓ 3 EL Tomatenmark
- ✓ 2 EL Apfelessig
- ✓ etwas Salz und Pfeffer

Zubereitung:

1. Knoblauch, Schalotten und Ingwer grob hacken. Paprika und Tomaten in grobe Stücke schneiden.

2. Öl in einem Topf erhitzen und Schalotten darin glasig dünsten. Knoblauch, Ingwer, Paprika und Tomatenmark hinzufügen und für ca. 5 Minuten mit andünsten.

3. Mit Apfelessig ablöschen. Tomaten hinzufügen und für weitere 20 Minuten köcheln lassen.

4. Vom Herd nehmen und abkühlen lassen. Alles zusammen pürieren und mit Salz und Pfeffer würzen.

TIPP: Für scharfes Ketchup einfach 1 EL-4 EL fein gehackte Chilischote hinzufügen.

WINTERLICHE CRANBERRY-SAUCE

Nährwerte pro Portion: 169.5 kcal, 29.3 g Kohlenhydrate, 4 g Fett, 0.8 g Eiweiß

Zutaten für 4-6 Portionen:

- ✓ 1 unbehandelte Orange
- ✓ 1 EL Butter
- ✓ 400 g Cranberrys
- ✓ 6 EL Zucker
- ✓ 1 Nelke
- ✓ etwas Pfeffer

Zubereitung:

1. Orangenschale abreiben und fein hacken. Orange auspressen.

2. Butter in einem Topf erhitzen und Cranberrys, Zucker, Orangenschale und Orangensaft aufkochen lassen. Nelke hinzufügen und kochen lassen, bis alle Cranberrys aufgeplatzt sind. Nelke entfernen und mit etwas Pfeffer würzen.

Bonus: 10 Rezepte für das Wintergrillen

WINTERLICHE HÄHNCHENKEULE

Ideal: indirektes Grillen

Nährwerte pro Portion: 493 kcal, 10 g Kohlenhydrate, 29.8 g Fett, 46.3 g Eiweiß

Zutaten für 4 Portionen:

Für die Marinade:

- ✓ 2 Stück Spekulatius
- ✓ 1 unbehandelte Orange
- ✓ 1 TL Pimentpulver
- ✓ 1 TL brauner Zucker
- ✓ ½ TL Zimt
- ✓ ¼ TL Muskatnuss, gerieben
- ✓ 1 Nelke
- ✓ etwas Salz und Pfeffer

Weitere Zutaten:

- ✓ 4 Stück (ca. 1 kg) Hähnchenkeulen
- ✓ etwas Salz und Pfeffer

Zubereitung:

1. Marinade: Spekulatius fein zerbröseln. Orangenschale abreiben und fein hacken. Orange auspressen. Spekulatiusbrösel mit Piment, Zucker, Zimt, Muskat, Nelke, Orangenschale und Orangensaft vermischen.

Mit Salz und Pfeffer würzen.

2. Hähnchenkeulen 3 bis 4 Mal einschneiden. Alle Seiten, dabei vor allem die Einschnitte, mit Marinade bestreichen. Abgedeckt im Kühlschrank für 4-5 Stunden ziehen lassen.

3. Hähnchenkeulen aus der Marinade nehmen und abtropfen lassen. Auf dem vorbereiteten Grill bei mittlerer Hitze mit der Hautseite nach unten für ca. 15 Minuten grillen. Hähnchenkeulen wenden und weitere 10 Minuten grillen. Ein letztes Mal wenden und für ca. 5 Minuten fertig grillen. Mit Salz und Pfeffer würzen.

WINTERLICHE ORANGEN-SPIESSE

Ideal: indirektes Grillen, bei 90 °C bis 120 °C

Nährwerte pro Portion: 1394.4 kcal, 41.8 g Kohlenhydrate, 80.8 g Fett, 129.5 g Eiweiß

Zutaten für 4 Portionen:

Für die Marinade:

- ✓ 1 Orange
- ✓ 8 EL Olivenöl
- ✓ 4 EL Honig
- ✓ 3 EL brauner Zucker
- ✓ 1 EL edelsüßes Paprikapulver
- ✓ 200 ml Ketchup

Weitere Zutaten:

- ✓ 4 Stränge (ca. 3 kg) Spareribs

Zubereitung:

1. Marinade: Orange auspressen und den Saft mit Öl, Honig, Zucker, Paprikapulver und Ketchup vermischen.

2. Spareribs mit Marinade einreiben und über Nacht abgedeckt im Kühlschrank ziehen lassen.

3. SCHNELLE METHODE: Spareribs im Backofen bei 170 °C für ca. 1 Stunde vorgaren. Nun kommen die Spareribs für ca. 1 weitere Stunde auf den Grill.

LANGSAME METHODE: Spareribs für 4-8 Stunden indirekt grillen. Die Grillzeit hängt stark von der Dicke der Rippchen ab. Nach 4 Stunden das erste Mal prüfen, ob die Spareribs fertig sind: Spareribs mit einer Grillzange nehmen und nach oben und unten wippen. Ist das Fleisch weich und biegsam und bilden sich Risse an der Oberfläche, sind die Spareribs fertig.

GLÜHWEIN-WILDSCHWEINBRATEN

Ideal: indirektes Grillen, 150 °C

Nährwerte pro Portion: 595.5 kcal, 37.5 g Kohlenhydrate, 20.3 g Fett, 51.3 g Eiweiß

Zutaten für 4 Portionen:

Für die Marinade:

- ✓ 2 Zwiebeln
- ✓ 2 Karotten
- ✓ 100 g Knollensellerie
- ✓ 3 Wacholderbeeren
- ✓ 500 ml Glühwein
- ✓ 2 Lorbeerblätter

Weitere Zutaten:

- ✓ 1 kg Wildschweinbraten
- ✓ etwas Salz und Pfeffer
- ✓ 150 ml Sahne
- ✓ 4 EL Preiselbeermarmelade
- ✓ Bratenkorb
- ✓ Grillthermometer

Zubereitung:

1. Marinade: Zwiebeln, Karotten und Knollensellerie in grobe Stücke schneiden. Wacholderbeeren zerdrücken. Glühwein in einem Topf zusammen mit Zwiebeln, Karotten, Knollensellerie, Lorbeerblättern und Wacholderbeeren aufkochen.

2. Wildschweinbraten in Marinade einlegen und über Nacht abgedeckt im Kühlschrank ziehen lassen.

3. Wildschweinbraten aus der Marinade nehmen und mit Salz und Pfeffer würzen. Marinade zur Seite stellen. Braten in Bratenkorb legen und für ca. 1, 5 Stunden grillen. Sobald eine Kerntemperatur von ca. 70 °C erreicht ist, ist der Braten fertig.

4. Wacholderbeeren und Lorbeerblätter aus der Marinade entfernen. Marinade pürieren und aufkochen. Sahne hinzufügen und zu Sauce einkochen lassen.

5. Braten in Scheiben schneiden und mit Sauce und Preiselbeermarmelade servieren.

ZIEGENKÄSE-WALNUSS-BURGER

Ideal: direktes Grillen

Nährwerte pro Portion: 757.5 kcal, 40.8 g Kohlenhydrate, 47.5 g Fett, 43 g Eiweiß

Zutaten für 4 Portionen:

Für die Sauce:

- ✓ 2 EL mittelscharfer Senf
- ✓ 2 EL Mayonnaise
- ✓ 1 EL Honig

Für die Patties:

- ✓ 50 g Walnusskerne
- ✓ 500 g Rinderhackfleisch
- ✓ 1 TL Salz
- ✓ ½ TL Pfeffer

Für die Brötchen/den Belag:

- ✓ 1 rote Zwiebel
- ✓ 1 Birne
- ✓ 150 g Ziegenkäse-Rolle
- ✓ 8 Scheiben Bacon
- ✓ 4 Burgerbrötchen
- ✓ 4 Salatblätter

Zubereitung:

1. Sauce: Senf, Mayonnaise und Honig miteinander vermischen.

2. Zwiebeln und Birne in Scheiben schneiden. Ziegenkäse in 8 Scheiben schneiden.

3. Patties: Walnüsse grob hacken. Hackfleisch mit Salz und Pfeffer würzen und Walnüsse hinzufügen. Masse verkneten und vier flache Patties daraus formen, am besten mit einer Burgerpresse. Mittig in die Patties eine kleine Delle drücken.

4. Patties beidseitig für je ca. 3–4 Minuten grillen. Birnenscheiben und Bacon beidseitig je ca. 1–2 Minuten grillen. Gleichzeitig Innenfläche der Burgerbrötchen leicht angrillen.

5. Unterboden des Burgerbrötchens mit Sauce bestreichen und nacheinander mit Salatblatt, Bacon, Pattie, Ziegenkäse, Birnen- und Zwiebelscheiben belegen. Burgerdeckel auflegen.

SÜSSKARTOFFEL-HACKFLEISCH-UFLAUF AUS DEM DUTCH OVEN

Ideal: direktes Grillen

Nährwerte pro Portion: 737.8 kcal, 43.8 g Kohlenhydrate, 46 g Fett, 36.8 g Eiweiß

Zutaten für 4 Portionen:

- ✓ 2 Knoblauchzehen
- ✓ 1 Zwiebel
- ✓ 3 Tomaten
- ✓ 600 g Süßkartoffeln
- ✓ 150 g Mozzarella
- ✓ 2 EL Butter
- ✓ 500 g Rinderhackfleisch
- ✓ 200 ml Sahne
- ✓ 1 EL Thymian, gerebelt
- ✓ 1 EL Rosmarin, fein gehackt
- ✓ etwas Salz und Pfeffer

Zubereitung:

1. Knoblauch und Zwiebel grob hacken. Tomaten in kleine Stücke schneiden. Süßkartoffeln in ca. 1 cm dicke Scheiben schneiden. Mozzarella in Scheiben schneiden.

2. Butter im Dutch Oven erhitzen. Rinderhackfleisch unter Rühren anbraten. Knoblauch und Zwiebel hinzufügen.

3. Kartoffeln hinzufügen. Tomaten darauf verteilen und mit Sahne übergießen. Mit Thymian und Rosmarin bestreuen. Mit Salz und Pfeffer würzen und mit Mozzarella überdecken.

4. Dutch Oven mit dem Deckel schließen und für ca. 30 Minuten köcheln lassen.

GESCHNETZELTES AUS DEM DUTCH OVEN

Ideal: direktes Grillen

Nährwerte pro Portion: 728 kcal, 22.3 g Kohlenhydrate, 40.5 g Fett, 53 g Eiweiß

Zutaten für 4 Portionen:

- ✓ 4 Zwiebeln
- ✓ 5 Gewürzgurken
- ✓ 4 Tomaten
- ✓ 300 g Champignons
- ✓ 800 g Schweinelende
- ✓ 2 TL edelsüßes Paprikapulver
- ✓ 1 TL Salz
- ✓ 1 EL Butterschmalz
- ✓ 1 TL Pimentpulver
- ✓ ½ TL Pfeffer
- ✓ 800 ml dunkles Weißbier
- ✓ 2 EL Gurkenwasser
- ✓ 6 Lorbeerblätter
- ✓ 400 ml Sahne

Zubereitung:

1. Zwiebeln, Gurken und Tomaten in kleine Würfel schneiden. Champignons halbieren.

2. Schweinelende in Scheiben schneiden und diese Scheiben in dünne Streifen schneiden. Mit Paprikapulver und Salz vermischen.

3. Butterschmalz im Dutch Oven erhitzen und Fleisch kurz darin anbraten, dabei wenden. Zwiebeln und Champignons hinzufügen und unter Rühren anbraten. Mit Piment und Pfeffer würzen.

4. Mit Weißbier und Gurkenwasser ablöschen. Sobald es köchelt, Gurken, Tomaten und Lorbeerblätter hinzufügen.

5. Für ca. 5 Minuten unter ständigem Rühren kochen. Sahne hinzufügen und für weitere 20 Minuten fertig kochen lassen. Lorbeerblätter entfernen und servieren.

LACHS MIT SENF-ZUCKER-GLASUR

Ideal: indirektes Grillen

Nährwerte pro Portion: 313 kcal, 4.5 g Kohlenhydrate, 16.2 g Fett, 37.5 g Eiweiß

Zutaten für 6 Portionen:

Für die Marinade:

- ✓ 1 EL brauner Zucker
- ✓ 10 g Butter
- ✓ 1 TL Honig
- ✓ 2 TL frischer Ingwer
- ✓ 2 EL Dijon-Senf
- ✓ 1 EL Sojasauce
- ✓ 1 EL Olivenöl

Für den Fisch:

- ✓ 1 Stück (ca. 1,2 kg) Lachsfilet; 1,5 -2,5 cm dick; ohne Stehgräten

Zubereitung:

1. Marinade: Zucker, Butter und Honig zusammen in einem Topf schmelzen und vom Herd nehmen. Ingwer fein reiben. Senf, Sojasauce, Öl und Ingwer mit einem Schneebesen unter die Zuckermischung rühren und abkühlen lassen.

2. Die Innenseite des Lachsfilets mit Marinade einstreichen. Den Lachs auf dem vorbereiteten Grill bei mittlerer Hitze für ca. 25-30 Minuten

garen lassen, bis das Innere nicht mehr durchscheinend und die Ränder leicht braun sind. Lachs in Scheiben schneiden und servieren.

WALNUSS-WOLFSBARSCH

Ideal: direktes und indirektes Grillen kombiniert

Nährwerte pro Portion: 773 kcal, 9 g Kohlenhydrate, 39.3 g Fett, 95.3 g Eiweiß

Zutaten für 4 Portionen:

Für die Walnusssauce:

- ✓ 1 Zitrone
- ✓ 65 g Walnusskerne, grob gehackt
- ✓ 2 EL Olivenöl
- ✓ etwas Salz und Pfeffer

Weitere Zutaten:

- ✓ 1 Wolfsbarsch (ca. 2 kg)
- ✓ Koriander-Marinade für 4 Portionen (Rezept s. „Dips & Marinaden“)
- ✓ 4 EL Olivenöl
- ✓ 2 EL Semmelbrösel
- ✓ 4 Fischwender

Zubereitung:

1. Sauce: Zitrone auspressen und mit Walnüssen und Öl zu einer Sauce pürieren. Mit Salz und Pfeffer würzen.

2. Wolfsbarsch waschen sowie Flossen und Schwanz abschneiden. Im

Abstand von ca. 5 cm einschneiden. Außen und innen mit Marinade bestreichen. Abgedeckt im Kühlschrank 1 Stunde ziehen lassen.

3. Fischwender mit Öl einstreichen. Wolfsbarsch innen mit Semmelbröseln bestreuen und außen mit Öl einstreichen.

4. Wolfsbarsch in Fischwender fixieren und auf jeder Seite für ca. 7–10 Minuten direkt grillen. Weitere 10 Minuten pro Seite indirekt fertig grillen. Fisch enthäuten, portionieren und mit Walnusssauce servieren.

GEFÜLLTE ROTE BEETE

Ideal: indirektes Grillen

Nährwerte pro Portion: 148.5 kcal, 11.3 g Kohlenhydrate, 7.3 g Fett, 9 g Eiweiß

Zutaten für 4 Portionen:

- ✓ 1 Knoblauchzehe
- ✓ 2 Schalotten
- ✓ 12 Stück rote Beete (vorgekocht)
- ✓ 150 g Ziegenfrischkäse
- ✓ 4 EL Petersilie, fein gehackt
- ✓ etwas Salz und Pfeffer
- ✓ 35 g Parmesan, frisch gerieben

- ✓ Grillschale

Zubereitung:

1. Knoblauch und Schalotten fein würfeln.

2. Rote Beete halbieren, mit einem Teelöffel aushöhlen und dabei einen ca. 1 cm breiten Rand lassen. An den Unterseiten leicht flach abschneiden. Abschnitte und Ausgehöhltes fein hacken.

3. Ziegenfrischkäse mit fein gehackter roter Beete und Petersilie vermischen und mit Salz und Pfeffer würzen.

4. Rote-Beete-Hälften mit Ziegenkäse-Mischung füllen, Parmesan darüber streuen und in Grillschale stellen. Für ca. 8-10 Minuten grillen.

TIPP: Anstatt mit Ziegenkäse mit Feta ausprobieren.

WINTER-GEMÜSESPIESSE

Ideal: indirektes Grillen

Nährwerte pro Portion: 161.8 kcal, 12.5 g Kohlenhydrate, 10.5 g Fett, 4 g Eiweiß

Zutaten für 4 Portionen als Vorspeise oder als Beilage:

Für die Marinade:

- ✓ 2 EL Rosmarin, fein gehackt
- ✓ 4 EL Olivenöl
- ✓ 1 TL Honig
- ✓ etwas Salz und Pfeffer

Weitere Zutaten:

- ✓ 2 Stück (ca. 250 g) Pastinaken
- ✓ etwas Salz
- ✓ 150 g Brokkoli
- ✓ 2 rote Zwiebeln
- ✓ 200 g Champignons
- ✓ Grillspieße

Zubereitung:

1. Marinade: Rosmarin mit Olivenöl und Honig vermischen. Mit Salz und Pfeffer würzen.

2. Pastinaken in mundgerechte Stücke schneiden und ca. 5 Minuten in Salzwasser kochen. Brokkoli in gleichmäßige Röschen teilen und ca. 3 Minuten in Salzwasser blanchieren. Zwiebeln in Spalten schneiden.

3. Grillspieße nacheinander mit Zwiebeln, Champignons, Pastinaken und Brokkoli bestücken, bis das Gemüse verbraucht ist. Mit Zwiebeln abschließen.

4. Grillspieße in Marinade einlegen und abgedeckt im Kühlschrank 1 Stunde ziehen lassen.

5. Grillspieße aus der Marinade nehmen und für ca. 10 Minuten grillen, dabei mehrmals wenden.

Fazit

Mit diesem Buch an Ihrer Seite haben Sie den perfekten Begleiter gefunden, egal, ob Sie schon einen Gasgrill besitzen oder mit dem Gedanken spielen, sich einen zu kaufen – wobei der Gedanke nach dieser Lektüre sicher schon zu einer Entscheidung geworden ist, natürlich für den Gasgrill. Mit seinen vielen Vorteilen ist er einfach ein Gewinn! Welche Ansprüche Sie auch an einen Grill haben: Unter den vielen unterschiedlichen Ausführungen wartet das perfekte Modell für Sie.

Herrlich sind auch die Köstlichkeiten, die Sie auf Ihrem Gasgrill zubereiten können. Die Auswahl an ganz unterschiedlichen Rezepten in diesem Buch wurde dabei ganz bewusst vorgenommen. Somit bekommen Sie einen Einblick in die wunderbare Welt des Grillens mit Gas. Egal, ob Sie viel Zeit haben oder ob es schnell gehen muss, ob Sie gerne ausgefallenere Rezepte ausprobieren oder es einfach und bequem vorziehen: So unterschiedlich die Modelle des Gasgrills sind, so vielfältig sind auch die Grill-Möglichkeiten.

Viel Spaß beim Entdecken der Rezepte und guten Appetit!

1. Auflage

Kontakt: Michael Ertl, Zeiläckerstraße 19a, 92712 Pirk

Covergestaltung: germancreativ

Coverfoto: germancreativ @ fiverr

Printed in Germany
by Amazon Distribution
GmbH, Leipzig

21047772R00139